世界货币史丛书（第一辑）　　石俊志◎主编

外国货币史漫谈

石俊志

著

经济管理出版社
ECONOMY & MANAGEMENT PUBLISHING HOUSE

图书在版编目（CIP）数据

外国货币史漫谈 / 石俊志著 . —北京：经济管理出版社，2023.9

ISBN 978-7-5096-9250-9

Ⅰ . ①外… Ⅱ . ①石… Ⅲ . ①货币史—国外—通俗读物 Ⅳ . ① F821.9-49

中国国家版本馆 CIP 数据核字（2023）第 184532 号

组稿编辑：王光艳

责任编辑：魏晨红

特约编辑：仲　垣

插　　图：王立军

责任印制：黄章平

责任校对：董杉册

出版发行：经济管理出版社

　　　　　（北京市海淀区北蜂窝 8 号中雅大厦 A 座 11 层　100038）

网　　址：www.E-mp.com.cn

电　　话：（010）51915602

印　　刷：北京市海淀区唐家岭福利印刷厂

经　　销：新华书店

开　　本：880mm×1230mm / 32

印　　张：9.375

字　　数：224 千字

版　　次：2024 年 1 月第 1 版　2024 年 1 月第 1 次印刷

书　　号：ISBN 978-7-5096-9250-9

定　　价：68.00 元

总　序

理论来源于实践。

货币学理论来源于已经发生的千千万万的货币活动实践，而这些货币活动实践被记载在历史文献中，又被出土的相关文物所证实。

人们从浩瀚的历史信息中寻找货币的起源、发展、演变的普遍性规律，从而产生了货币理论。

货币理论不能依赖一个国家、一个时期的货币实践，而是应该从更为广阔的视角来寻找、分析和总结。只有采用全时空的视角，横向全世界，纵向几千年，对货币的发展过程进行全方位的观察和研究，才能发现其中的普遍性规律，得出科学、准确的结论。

关于货币的这种广视角、全方位的研究学科，便是世界货币史。

为了推动世界货币史学科的发展，获得世界各国货币起源、发展、演变的相关知识，我们邀请了一批国内金融学、法学、历史学和外国语的专家学者，经过认真广泛的调查收集，筛选了一批外国货币史著作，并将其翻译成中文，汇编成"外国货币史译丛"出版，介绍给国内读者。

　　基于"外国货币史译丛"中的史料知识，通过对世界各国货币史的研究，结合世界各国出土的古代货币实物，以及世界各国货币发展、演变的历史背景，我们针对一些古代国家的货币史以及世界货币史的一些专题，开始撰写一批专著，以"世界货币史丛书"的名目陆续出版。

　　我们相信，"世界货币史丛书"的出版，对于我国货币理论研究，以及我国关于世界各国历史、政治、经济和文化的研究，具有一定的参考价值。

石俊志

2022 年 10 月 28 日

目　录

一 　**最早的货币和最早的法律** // 001

最早的货币　003

最早的法律　004

共同发展　006

二 　**那失维的遗产养老信托文书** // 009

米坦尼王国　011

信托文书　012

伪装义子　013

三 　**牧人摩塞雇用女奴支付的银环** // 017

摩塞档案　019

称量货币　020

支付银环　022

四 　**吕底亚王国的法涅斯币** // 025

出土钱币　027

法涅斯币　028

爱奥尼亚　030

五 **克洛伊索斯的金银分离术** // 033
美丽的传说 035
金银分离 036
金币为主 037

六 **《钱币法令》与提洛同盟的瓦解** // 041
提洛同盟 043
《钱币法令》 044
同盟瓦解 047

七 **古罗马的狄纳里银币** // 049
铜币贬值 051
改用银币 053
银币贬值 054

八 **古罗马的奥里斯金币** // 057
仿制金币 059
奥里斯币 060
金币贬值 062

九 **卡拉卡拉发行的安敦尼币** // 065
乱中取胜 067
虚币敛财 068
安敦尼币 070

十 **戴克里先的货币改革** // 073
戴克里先 075
货币改革 076
全面改革 078

十一 **君士坦丁发行的索利多金币** // 081

君士坦丁　083

弗里斯币　084

索利多币　086

十二 **君士坦丁发行的西力克银币** // 089

兴建都城　091

发行虚币　092

豆荚敛财　094

十三 **君士坦提乌斯二世发行的合金铜币** // 097

子承父业　099

合金铜币　100

虚币大钱　102

十四 **拜占庭帝国的小额金币** // 105

拜占庭帝国　107

索利多金币　108

小额的金币　109

十五 **拜占庭帝国金币制度的演变** // 113

尼基弗鲁斯　115

特塔特伦币　116

希斯塔麦伦币　117

十六 **代表若干努姆斯价值的弗里斯铜币** // 121

弗里斯币　123

努姆斯制　124

记账货币　126

十七 **拜占庭帝国的米拉瑞逊银币** // 129

米拉伦斯币 131

银币演化 133

米拉瑞逊币 134

十八 **阎膏珍国王创建的金币制度** // 137

舍客勒 139

斯塔特币 140

第纳尔币 141

十九 **萨珊王朝的第纳尔金币** // 145

萨珊王朝 147

第纳尔币 148

萨珊金币 149

二十 **嘛跶王朝的阿尔雄银币** // 153

嘛跶王朝 155

寄多罗币 156

阿尔雄币 157

二十一 **犍陀罗王国的萨塔马纳银币** // 161

重量单位 163

条形银币 164

印记符号 166

二十二 **笈多王朝的第纳尔金币** // 169

笈多王朝 171

笈多银币 172

第纳尔币 174

二十三 **莫卧儿王朝的卢比银币 // 177**

王朝初期 **179**

卢比诞生 **180**

发展演化 **182**

二十四 **倭马亚王朝的狄尔汗银币 // 185**

倭马亚王朝 **187**

第纳尔金币 **188**

狄尔汗银币 **190**

二十五 **德川幕府实行的元禄改铸 // 193**

德川幕府 **195**

庆长币制 **196**

元禄改铸 **198**

二十六 **基辅罗斯公国的格里夫纳 // 201**

基辅罗斯 **203**

格里夫纳 **204**

钱币诞生 **206**

二十七 **世界古代的记账金属货币 // 209**

称量单位 **211**

数量单位 **212**

法定价值 **214**

二十八 **矮子丕平的加洛林便士 // 217**

矮子丕平 **219**

便士银币 **220**

回归罗马 **222**

二十九 丝绸之路上的汉佉二体钱 // 225

佉卢文字 227

二体铜钱 228

东西衔接 230

三 十 阿卜杜勒·麦利克创建的阿拉伯货币制度 // 233

阿卜杜勒 235

货币单位 236

重量单位 237

附 录 // 241

附录一 古代西亚 243

附录二 古代埃及 262

附录三 古代印度 265

附录四 古代罗马 268

附录五 石俊志货币史著述及主编译丛书目 271

参考文献 // 285

一

最早的货币和
最早的法律

货币是价值尺度，法律是行为尺度。法律赋予货币价值尺度的功能，货币是法律执行中的量化手段。

最早的货币是称量货币。当称量标准在一定国度内被国家法律统一的时候，一般等价物商品就转化为称量货币。因此，最早的货币产生于法律对称量标准的统一。从另一个角度来看，国家法律对国民行为进行规范时，需要奖罚量化手段。所以，国家法律一经建立，就引用了货币量化手段。因此，最早的货币和最早的法律几乎是同时产生的，两位一体，相辅相成，共同发展。

🐉 最早的货币

人类最早的货币出现在古代西亚的两河流域。两河流域产生了人类最早的文字、最早的国家和最早的国家法律。公元前2096年，苏美尔人建立的乌尔第三王朝统一了两河流域的称量标准，由此产生了人类最早的货币——称量货币。

货币是商品交换的媒介，从商品转化而来。原始的商品交换采用以物易物的方式，随着商品生产和商品交换的发展，人们自发地使用各种商品作为交换媒介，并逐步将这些商品归集为一种或几种商品，使其成为一般等价物，发挥价值尺度和流通手段的货币职能。当作为一般等价物的商品获得了国家法定的、统一的称量标准时，就转化为称量货币。

公元前2096年，舒尔吉即位乌尔第三王朝国王，统一了两河流域的度量衡。从此，充当一般等价物的商品——大麦和白银获得了国家法定的、统一的称量标准，成为人类最早的货币——称量货币。

舒尔吉时代实行大麦称量货币和白银称量货币两币并行的货币制度。大麦称量货币的单位是"古尔"和"西拉"，类似于中国古代的容量单位"斛"和"斗"；白银称量货币的单位是"弥那"和"舍客勒"，类似于中国古代的重量单位"斤"和"两"。古代的两河流域，1弥那折合现代的500克，等于60舍客勒。

1 舍客勒折合现代的 8.33 克。

两河流域的称量货币制度向东传入伊朗高原，向北传至小亚细亚半岛，影响着整个古代西亚和地中海沿岸希腊诸城邦的商品经济发展。

自舒尔吉统一两河流域度量衡起，经历了 1456 年的发展演变，称量货币已经不能满足商品生产和商品交换发展的需要，公元前 640 年，地中海沿岸小亚细亚半岛上的吕底亚王国，生产出了西方国家最早的金属数量货币——钱币。

最早的法律

人类最早的法律，也出现在古代西亚的两河流域，并且一经出现，便以货币作为奖罚量化手段。

人类创造了文字、组建了国家，就产生了国家颁布的成文法。人类历史上最早的中央集权、君主专制的国家是公元前 2371 年萨尔贡在两河流域建立的阿卡德王国。但是，迄今为止，我们见到的人类最早的成文法，是乌尔第三王朝颁布的《乌尔纳姆法典》。乌尔纳姆（公元前 2113 年至公元前 2096 年在位）是舒尔吉的父亲，乌尔第三王朝的创建者。有学者认为，《乌尔纳姆法典》是乌尔纳姆颁布的法典。也有一些学者认为，《乌尔纳姆法典》是舒尔吉颁布的法典。在这部成文法中，少数条文用大麦称量货币作为奖罚量化手段，多数条文用白银称量货币作为奖罚量化手段。

目前出土的《乌尔纳姆法典》原件由 30~35 块泥板组成，由苏美尔楔形文字书写，其中大多数文字未能保存下来。从这些残缺的泥板中整理出来的法律条文共有 27 条，使用白银称量货币的地方有 16 处,其中 8 处使用舍客勒单位,6 处使用弥那单位,2 处使用白银称量货币但没有说明具体单位。

《乌尔纳姆法典》的主要内容是对国民违法犯罪行为制定的处罚、赔偿规定,以及对国民协助维护国家制度行为制定的奖赏规定[①]:

一、对于犯罪行为的处罚

第 3 条 如果犯绑架罪,应处以监禁,并罚 15 舍客勒白银。

第 8 条 如果以暴力强奸他人处女女奴,应罚其 5 舍客勒白银。

二、对于诬告及作伪证的处罚

第 12 条 如果有人被告发实施巫术,他必须经受河水的验证;如果他被证明无辜,告发者应付 3 舍客勒白银。

第 13 条 如果有人告发人妻通奸,而河水验证后证明她无辜,那么告发者应付 1/3 弥那白银。

第 23 条 如果出庭作证出具伪证,应付 15 舍客勒白银。

三、赔偿

第 9 条 如果与发妻离婚,应付发妻 1 弥那白银。

第 10 条 如果与原为寡妇的妻子离婚,应付她半弥那白银。

第 16 条 如果打坏他人眼睛,应付 1/2 弥那白银。

第 17 条 如果斩断他人的脚,应付 10 舍客勒白银。

---

① 《乌尔纳姆法典》,石俊志译,《当地金融家》2019 年第 9 期,第 155—156 页。

第 18 条　如果在斗殴中用棒打断他人手臂或腿，应付 1 弥那白银。

第 19 条　如果用铜刀割断他人鼻子，应付 2/3 弥那白银。

第 20 条　如果打落他人牙齿，应付 2 舍客勒白银。

第 21 条　……如果没有奴隶，应付 10 舍客勒白银。如果没有白银，应付其所拥有的其他物品。

四、奖赏

第 15 条　如果奴隶逃出城市界限，有人将其捕获送还，奴隶主人应付送还者 2 舍客勒白银。

此后，在两河流域各国的法典中，除刑事犯罪采用体罚、劳役、肉刑、处死等方式外，对于经济纠纷、商品价格、劳务工资、借贷利息等方面的规定，继续采用货币量化赔偿、补赎的方式。

共同发展

最早的货币和最早的法律几乎同时产生，二者也是共同发展的，它们不断进化，相互影响，相互制约。

货币从称量货币发展为数量货币，数量货币从百姓制造发展为国家垄断制造，有关货币的法律便从普通法中被分离出来，出现了专门的货币立法。

出现专门的货币立法的原因是金属货币向信用货币转化，即金属货币信用化。

金属货币信用化是指金属数量货币——钱币从依靠本身币材金属价值发挥货币职能向依靠发行者信用价值发挥货币职能的转化过程。金属货币信用化表现为在金属货币的名义价值中，币材金属价值占比的持续下降和发行者信用价值占比的持续上升。

称量货币依靠币材价值行使货币职能，不能向信用货币转化；百姓制造的数量货币仍然依靠币材价值行使货币职能，也不能向信用货币转化。当国家垄断金属货币制造的时候，依靠国家信用和法律强制，就出现了金属货币的信用化。

仅靠国家信用和法律强制的力量，仍然不能保证信用化的金属货币被市场长期接受。于是，中国古代的王朝和西方古代国家都采用了实币与虚币并行流通的货币制度。

经信用化的钱币被称为"虚币"，未经信用化的钱币被称为"实币"。实币与虚币并行流通，需要法律规定实币与虚币之间的固定比价。

如果没有"实币"的并行流通，市场上全部钱币一起减少金属含量，商品以钱币计量的价格就会跟随钱币减少金属含量的幅度而上涨，从而冲销金属货币信用化的作用。有了"实币"的并行流通，用"实币"保持各类商品价格的稳定，用"虚币"代表"实币"的价值发挥货币职能，金属货币信用化才能在商品价格稳定的情况下，节约使用金属，达到金属货币信用化的作用。

所以，金属货币信用化不是以流通中的全部钱币为对象的，而是以流通中的部分钱币为对象的，需要有实币与虚币并行流通的货币制度作为实现金属货币信用化的保障。

金属称量货币作为商品交换媒介，进行的交易遵循商品等价交换原则，通过市场本身的机制发挥货币职能。金属货币信用化的结果导致部分钱币与商品的交换成为"非等价交换"。"非等价交换"则需要有专门法律的支持才能进行。

例如，用若干萝卜交换若干白菜，遵循市场上的等价交换原则，不需要专门的立法；信用化的钱币与各类商品的交换，不再遵循市场上的等价交换原则，就不得不依赖专门的货币立法。

于是，随着货币的发展演化，出现了专门的货币立法。此后，货币的发展和相关法律的发展又在一个新的平衡状态下继续前行。

二

那失维的遗产
养老信托文书

近代考古出土的两河流域楔形文字泥板文书甚多，其内容主要是远古时代两河流域百姓日常生活的经济契约。在米坦尼王国时期（公元前 1580 年至公元前 1256 年，相当于我国商朝前半期）的经济契约中，我们惊奇地发现，其中竟然有遗产养老信托文书。

使用遗产价值换取养老服务是无子女老人失去劳动能力之后的一种契约安排。直到今天，尽管世界各国社会保障制度日臻完善，这种养老安排的基本逻辑却依然没有过时。在许多国家里，这种养老安排仍然是百姓养老的有效方式。

在那失维的遗产养老信托文书中，发挥价值尺度货币职能的东西是白银称量货币和黄金称量货币，称量单位是"弥那"。

米坦尼王国

　　米坦尼王国位于两河流域北部，西北方是小亚细亚半岛上的赫梯王国，东南方是底格里斯河上游的古亚述王国，西南方隔着迦南地区，是埃及王国。

　　米坦尼王国的百姓主要是塞姆人和胡里安人。早在公元前2000年，塞姆人就已经进入底格里斯河上游地区，创造了古亚述文明。公元前1800年前后，胡里安人从亚美尼亚山区进入两河流域的北部平原。

　　公元前16世纪，胡里安人打败古亚述人，建立了米坦尼王国，向西穿越两河流域平原北部进入叙利亚，甚至到达巴勒斯坦地区。据说，胡里安人之所以能够打败亚述人，是因为胡里安人驯服了马，并且将驯服的马用于驾驶战车从事战争。

　　公元前15世纪，强大的敌人来了。公元前1445年，埃及法老图特摩斯三世（公元前1479年至公元前1425年在位）打败了米坦尼王国，夺占了米坦尼王国位于幼发拉底河西岸的土地。此时，古埃及正值新王国时期第18王朝，图特摩斯三世在位期间发动了大规模的扩张战争，征服了地中海东岸的迦南和两河流域以北的叙利亚地区。图特摩斯三世被认为是古埃及最伟大的法老之一，被称为"古代世界之拿破仑"。

　　图特摩斯三世死后，图特摩斯四世继位。为了对付更强大的敌人——赫梯王国，埃及王国与米坦尼王国结成联盟。图特摩斯四世娶米坦尼公主为妻，生了历史上著名的埃及法老阿蒙霍特普三世。阿蒙霍特普三世为他的儿子阿蒙霍特普四世的"埃赫那吞宗教改革"奠定了基础。

公元前14世纪，亚述人摆脱了米坦尼王国的统治，建立了强大的亚述帝国。同时，赫梯人将埃及人赶出了叙利亚。米坦尼王国失去了强大的盟友。公元前1380年，赫梯王国的苏皮鲁巴利特攻克米坦尼王国首都瓦舒卡尼，米坦尼王国开始衰落。公元前1256年，亚述人攻占了米坦尼王国最后的都城卡哈拉，在城中修建了亚述神阿塔德神庙，米坦尼王国灭亡。

信托文书

近代考古发现了大量的米坦尼王国百姓签署的经济契约泥板文书。

1927~1931年，考古学者在底格里斯河上游（今伊拉克的约尔干·铁佩）发掘了努西古城遗址。在出土文物中，有3000多件泥板文书，用阿卡德文写成。这些文献属于米坦尼王国时期的经济契约，其中有土地买卖文书、货币借贷文书和遗产养老信托文书。譬如：

此接受义子的泥板文书系阿尔·申尼之子那失维所有，他将普希·申尼之子吴鲁认为义子。当那失维在世时，吴鲁应当对他供应衣食；到那失维死后，吴鲁应当成为他的继承人。如那失维日后自己生了儿子，他就须和吴鲁均分遗产，但那失维的儿子应当承领那失维的神。如那失维没有儿子，吴鲁就应当接受那失维的神。吴鲁并且应当娶那失维的女儿努胡亚为妻。如果吴鲁娶别人为妻,他就丧失那失维的土地房屋。双方如有一方不遵守契约,应偿给对方银子一弥那、金子一弥那作为赔偿。

（五个证人和书写人的名字,并画押）[①]

这是一份遗产养老信托文书。那失维将吴鲁认为义子,承诺死后将土地房屋作为遗产交给吴鲁继承,条件有四个:①那失维在世的时候,吴鲁应供应那失维衣食。②吴鲁应娶那失维的女儿努胡亚为妻。如果吴鲁娶别人为妻,他就丧失接受那失维遗产的权利。③如果那失维日后有了儿子,吴鲁应与那失维的儿子均分遗产。④吴鲁应接受那失维的神,除非那失维日后有了儿子,神被那失维生的儿子接受。如果一方违约,要赔偿对方 1 弥那白银和 1 弥那黄金。

伪装义子

从性质上看,上述文书是一笔遗产养老信托文书。但是,从形式上看,它又是一笔义子认领文书。那失维将吴鲁认为义子,用契约方式约定将来把遗产交给义子继承。由此可见,当时米坦尼王国是禁止土地转让的。所以,遗产养老信托中的受托人被伪装成义子。除此之外,在米坦尼王国的土地买卖文书中,买地人也被伪装成义子。譬如:

---

① 林志纯:《世界通史资料选辑》:《努西泥板文书》,商务印书馆 1962 年版,第 101 页。

此接受义子的泥板文书系属于卡米失之子库促，他接受普希失尼之子德希普·提拉为义子。作为他应得的遗产，库促给他坐落在伊普失西地方的土地共四十伊米尔[①]。对于此地如有争执，应由库促自己负责清理并将土地归给德希普·提拉。德希普·提拉则应付给库促一弥那银子作为赠礼。双方如有一方失信，则应偿付对方两弥那银子和两弥那金子。

（十四个证人的名字和书写人的名字和他们的画押）[②]

库促卖给德希普·提拉 1 块 40 伊米尔的土地，价格是 1 弥那白银。根据契约，库促收德希普·提拉为义子。库促将这 40 伊米尔土地作为遗产提前交给义子，义子孝敬义父 1 弥那白银。但是，如果任一方违约，即没有按照约定交付对方所说的东西，赔偿便是数倍的，即赔偿 2 弥那白银和 2 弥那黄金。

遗产养老信托文书和土地买卖文书一样，都采用了认领义子文书的形式。遗产养老信托文书中的受托人和土地买卖文书中的买地人都伪装成义子，以满足国家法律的要求。这里面的"伪装义子"，是为了合乎国家法律规定所做的合法性安排，并非真的在契约双方之间建立了父子关系。

虽然以上两种文书都采取了认领义子文书形式，其内容却是完全不同的：遗产养老信托文书中受托人（义子）的责任是负责为委托人（义父）养老；土地买卖文书中买地人（义子）的责任

---

① 1 伊米尔大约折合 4.5 英亩。

② 林志纯：《世界通史资料选辑》，商务印书馆 1962 年版，第 100 页。

是给予卖出人（义父）一笔货币。

遗产养老信托是一个比较好的安排，解决了无子女老人的生活问题。土地买卖则不相同，穷人失去土地就失去了生计。

据说，在努西古城遗址发现的3000多件泥板文书中，有一个高利贷者签署了150多件认领义子文书，即兼并了150多个家庭的土地，并以契约形式认了150多个义父。

如此看来，米坦尼王国的社会已经发生了明显的贫富分化，出现了大量的土地兼并现象。穷人在生活不下去的时候，就不得不出卖自己赖以生存的土地。穷人失去了土地，就只有两条路可走：一是沦为富人的奴婢；二是成为流民或者盗贼，甚至揭竿而起，造反起义。

当然，统治者是不愿意看到这种情形的，所以法律禁止土地转让。于是，在土地转让文书上，买地的富人就不得不伪装成义子，卖地的穷人就不得不伪装成义父。

富有的土豪到处兼并土地，就认了许多义父。这些义父失去了土地，进入富人的家庭，便成为富人的奴仆。虽然，这些穷人在文书中被认定为义父，但是在富人的家庭里，这些义父的实际地位却连孙子也不如。

三

牧人摩塞雇用女奴
支付的银环

称量货币经历了长期的发展演化，在转向数量货币之前，往往会出现原始数量货币。原始数量货币不是专用货币，除行使货币职能外，还兼有生产、生活的具体用途。例如，中国古代，青铜布币出现之前的铲形青铜农具"钱"、青铜刀币出现之前的刀形生活用具"削"、青铜贝币出现之前的随身佩饰"海贝"、青铜圜钱出现之前的随身佩饰"玉璧"都曾行使过货币职能，并兼有生产、生活的具体用途。古埃及最早的关于原始数量货币的文字记载，发生在新王国第 18 王朝"埃赫那吞宗教改革"前后。古埃及的原始数量货币是一种银制的戒指，被世人称为"银环"。

出租的女奴

🐉 摩塞档案

根据摩塞档案文件的记载，摩塞雇用女奴支付的货币包括银环和以银环计量的各种物品。

苏联《古代世界史资料选读》第一卷《古代东方》载有两份古埃及文件，都出自中埃及法雍绿洲入口地点的牧人摩塞档案。摩塞生活的时间，经历了古埃及新王国第18王朝法老阿蒙霍特普三世的部分时期和阿蒙霍特普四世的部分时期。

摩塞档案中的第一份文件是雇用女奴的契约：

【在拉之】第二十七年，季夏之月，第二十日，当上下埃及之王，陛下涅布马阿特拉，拉之子，底比斯的神和主宰阿蒙霍特普的时代，愿他像他的父亲拉一样，万岁长存。

【今】天，涅布麦希在其充任阿蒙霍特普【王】家牧人之时，请求于有角牲畜的牧人摩塞，致辞如次："我什么都没有了，请给我以女奴赫里特的两个工作日的买价。"于是有角牲畜的牧人摩塞就给他一束【？】麻布，值三又三分之一环，和……值二分之一环。

他又有两次请求，并且说："请给我以女奴赫里特的四个工作日的买价。"于是牧人摩塞就给他……谷，值四环，六头山羊，值三环，又银一环，共十二环。

于是女奴赫里特承担了两个工作日。他给我以麦里列本特塞弗的两个工作日和奴隶涅赫塞特希的两个工作日，当着许多证人的面。这些证人的名单：牧人阿皮尔，牧人涅恩，克夫，……，……，……，潘……，努比亚女人麦尔克塞特……。本日书吏捷次编写。[①]

这份契约是在阿蒙霍特普三世继位第 27 年（公元前 1365 年）签署的。涅布马阿特拉是阿蒙霍特普三世的御名。契约中的文字首先要祝法老寿比太阳神。

古埃及人崇拜太阳神——拉。拉有多个化身，阿蒙是太阳神的主要化身，是众神之王。祭司集团依靠阿蒙神庙与法老分庭抗礼。于是，在新王国第 18 王朝后期，法老开始推崇太阳神——拉的另一个化身——阿吞为唯一的神，力图削弱祭司集团的势力。阿蒙霍特普三世（公元前 1391 年至公元前 1353 年）执政时期，法老与祭司的权力之争日益明显，阿蒙霍特普三世撤销了祭司普塔赫摩斯兼任的维西尔（宰相）职务，将这个职务任命给世俗官员拉莫斯。

在摩塞档案中的这份文件里，雇用女奴的人是有角牲畜的牧人摩塞，女奴的名字是赫里特，她的主人是法老的牧人涅布麦希，其中一项雇用费用包括 1 枚银环和价值 11 枚银环的其他物品。

称量货币

摩塞档案中的第二份文件是购买耕地的契约：

① 林志纯：《世界通史资料选辑·上古部分》：《新王国时代租用女奴文献和地契》，商务印书馆 1962 年版，第 14 页。

【在位之】第二（？）年，……冬月，第二十七日，当这位【仁慈的】神明陛下，上下埃及之王诺费尔·赫普鲁·拉－乌阿·恩拉，拉之子，底比斯的神和主宰阿蒙霍特普的时代，愿他像他父拉一样，万岁长存。

今天，涅布麦希又向牧人摩塞请求，致辞如次："请给我一头乳牛，作为 3 斯塔特耕地的买价。"于是摩塞给他一头乳牛，值【银】1/2 得本，当着许多证人面：亚赫摩斯及其子涅巴蒙，阿塞特斯及其子……，哈伊，涅恩。本日书吏捷次编写。①

这份契约是在阿蒙霍特普四世继位的第二年（公元前 1352年）签署的。诺费尔·赫普鲁·拉－乌阿·恩拉是阿蒙霍特普四世的御名，是他在实行"埃赫那吞宗教改革"之后改用的名字。

阿蒙霍特普四世（公元前 1353 年至公元前 1335 年）是阿蒙霍特普三世的儿子。他继位后宣布只崇拜唯一的神——阿吞，没收了阿蒙神庙和其他一切神庙的财产并转交给阿吞神庙。阿蒙霍特普四世以阿吞的代理人自居，将自己的名字改为"埃赫那吞"，意思是"阿吞的光辉"，由此发动了"埃赫那吞宗教改革"。

这份文件首先要祝法老寿比太阳神。这是一份购买土地的契约，出售土地的人是法老的牧人涅布麦希，购买土地的人是有角牲畜的牧人摩塞，耕地面积是 3 斯塔特，价格是价值 1/2 得本白

---

① 林志纯：《世界通史资料选辑·上古部分》：《新王国时代租用女奴文献和地契》，商务印书馆 1962 年版，第 14—15 页。

银的一头乳牛。

尽管这笔交易实际支付的是一头乳牛，但是其价值计量是 1/2 得本。得本是称量货币单位，1 得本重量折合现代的 91 克。3 斯塔特耕地的价值是 1/2 得本白银（45.5 克白银）或者 1 头乳牛。1 斯塔特土地折合现代的 2735 平方米或 4.1 亩（1 亩 ≈ 666.67 平方米），3 斯塔特就是 12.3 亩。从这份文件看，当时古埃及每亩土地的价格只有 3.70 克白银。

从公元前 1365 年签署的第一份文件来看，古埃及已经开始使用原始数量货币——银环。从 13 年后——公元前 1352 年签署的第二份文件来看，古埃及还在使用称量货币作为商品交换的价值尺度。这说明，古埃及在这一时期实行称量货币与原始数量货币并行的货币制度。

支付银环

苏联《古代世界史资料选读》第一卷《古代东方》刊载的两份古埃及文件都出自牧人摩塞档案。第一份文件讲到租用女奴赫里特，费用以"环"计算：谷的价值是 4 环；6 只山羊的价值是 3 环，又支付白银 1 环，总共 12 环。这里面文字有残缺，应该还有其他的物品价值 4 环，文字没有留下来。

虽然支付手段包括"谷""山羊"和"环"，但是皆以"环"计算价值，说明在当时"环"是价值尺度。"环"是金属制成的戒指，可以戴在手指上作为佩饰，炫耀富贵，又可以作为价值尺度和流通手段发挥货币职能，是典型的原始数量货币。

第二份文件签署于公元前 1352 年，比第一份文件迟了 13 年，其中使用的货币是白银称量货币，称量单位是"得本"。我们对这两份文件进行分析，可以得出以下四个观点：

1. 当时的原始数量货币与称量货币并行流通

鉴于原始数量货币是称量货币发展演化的产物，如果原始数量货币是在摩塞生活的时代产生的，那么称量货币应该在先。但是，摩塞档案中先出现了原始数量货币，后出现了称量货币，说明两种货币在摩塞生活的时代都已经出现，两种货币并行流通。

2. 当时的原始数量货币是"银环"，而不是"铜环"

第一条理由：林志纯先生的译文，第一份文件中使用了"银一环"；第二份文件中使用了"值【银】1/2 得本"。

第二条理由：对第二份文件的内容进行分析，3.70 克白银等于 1 亩耕地，比较可信，这里不应该是 3.70 克铜等于 1 亩耕地，如果 3.70 克铜能购买 1 亩耕地，那么耕地的价格就太便宜了。

3. 当时的原始数量货币"银环"的重量标准是 1 基特

从各古国货币发展演化的一般情形来看，最初原始数量货币的单位标准，多采用称量货币的单位标准。古埃及原始数量货币——"银环"的重量，应该在原有的称量货币单位"得本"和"基特"中选择，戒指的重量应该是"基特"（9.1 克），而不应该是"得本"（91 克）。

如果我们接受银环的重量标准为 1 基特（9.1 克）的观点，那么，1 头乳牛的价值（0.5 得本或 5 基特）就等于 10 只山羊（5 环或 5 基特），则乳牛价值与山羊价值的比例基本合理。

4. 雇用女奴文件的译文有误

第一份文件说,雇用女奴赫里特 4 个工作日的工资是 12 枚银环,即 24 只山羊,每天的工资是 6 只山羊或 7.38 亩耕地。在劳动生产率低下的古代,女奴的工资不可能如此之高。估计这 12 枚银环应该是女奴赫里特 4 个月或者 4 年的工资。

女奴赫里特的工资表现为银环和以银环计算价值的其他物品,由她的主人收取,赫里特拿不到这笔工资。

但是,赫里特在被雇用时期的食宿,应该是由雇用人承担的。

四

吕底亚王国的
法涅斯币

1904~1905 年，大英博物馆在小亚细亚沿海城邦以弗所（今土耳其西南部）的阿尔忒弥斯神庙进行了考古发掘，出土了近 100 枚吕底亚王国早期钱币。这批钱币是西方世界最早的钱币，生产于不同时期、不同城邦，其中令人争论不休的，是刻铭"法涅斯"字样的钱币。

🌊 出土钱币

在阿尔忒弥斯神庙出土的不仅有钱币，还有其他文物。根据对同批出土文物进行的考证，这批钱币埋藏的时间不晚于公元前6世纪中期，甚至更早。

这批出土的钱币生产于不同时期，表现为不同类型，其主要成分是金银合金，包括：①未经标志的白银或琥珀合金块；②一面有戳记的钱币；③一面有戳记，另一面有粗糙图案的钱币。这些不同类型的钱币被认为是钱币在不同阶段的产物。

这批钱币生产于不同的地区，表现为图案的多种多样，大多是动物或动物的部分躯体，有些钱币上还镌刻了字母。这些图案和字母为辨识钱币的生产地区提供了线索，最常见的是刻印着狮头或狮爪的钱币，被认为生产于吕底亚，因为典型的吕底亚钱币的图案正是怒吼的狮子。此外，还有海豹头图案的钱币，被认为生产于爱奥尼亚的福基亚城邦，因为在希腊语中，福基亚的意思就是海豹。刻印着躺卧狮子图案的钱币，则被认为生产于米利都。

当这些钱币被生产出来的时候，吕底亚王国已经占领和统治了爱奥尼亚以及小亚细亚半岛上几乎所有的希腊殖民城邦。

这批钱币的出土，证实了希罗多德在《历史》一书中所说的：吕底亚人是最早制造和使用金银钱币的人。

依照我们所了解的，他们是最早铸造和使用金银货币的人。[①]

吕底亚人或者是吕底亚王国统治下的希腊人，创造了标准重量和标准成色的金属数量货币——钱币。钱币的使用有利于商品生产的计划和核算，为商业活动提供了便利，从而促进了商品生产和商品交换的发展。不久，钱币的制造和使用便从小亚细亚半岛跨过地中海传到古希腊在地中海沿岸的各个城邦。

法涅斯币

在阿尔忒弥斯神庙出土的钱币中，有刻铭"法涅斯"（ΦΑΝΕΟΣ）字样的钱币。

币1：爱奥尼亚地区沿海城邦以弗所出土的1/3斯塔特琥珀合金币，公元前620年至公元前600年生产，重量为4.72克，正面图案

币1

是公鹿吃草，币文为"ΦΑΝΕΟΣ"（属于法涅斯，of Phanes）。

吕底亚钱币的单位是斯塔特（STATER），意思是"标准"，重量折合现代大约为14克，1/3斯塔特的理论重量是4.67克。吕底亚标准采用12进制，1斯塔特以下的面值为1/3斯塔特、1/6斯塔特、1/12斯塔特、1/24斯塔特等，以此类推。

---

① ［古希腊］希罗多德:《历史》，周永强译，陕西师范大学出版社2008年版，第42页。

法涅斯币共有 7 种币值，从 1 斯塔特到 1/96 斯塔特，其中两种面值最大的钱币上的币文为"ΦΑΝΕΟΩ ΕΜΙΣΗΜΑ"，其余面值钱币上的币文为"ΦΑΝΕΟΩ"。

法涅斯的词义是生命之神、光明之神，引申为生命之神赐予的礼物，是可以作为人名使用的。

关于法涅斯这个词的含义，学界有许多不同的解释，其中主要有以下三种观点：

（1）法涅斯是个富商的名字，他打造了这种钱币，用来向阿尔忒弥斯女神捐献功德。

（2）法涅斯是指中近东原始宗教中主管繁殖和创造新生的神祇，爱奥尼亚地区的希腊殖民者将其与阿波罗信仰结合起来，成为光明之神，而公鹿则是阿波罗的孪生妹妹阿尔忒弥斯的象征，钱币上的币文"ΦΑΝΕΟΩ ΕΜΙΣΗΜΑ"应理解为"我是光明的印记"（我是法涅斯的印记，I am the badge of Phanes）。

（3）法涅斯是小亚细亚半岛西南部卡里亚（CARIA）地区的哈利卡纳索斯（HALICARNASSUS）城邦一个军队头领的名字，来自哈利卡纳索斯的历史学家希罗多德也曾经提到此人。这个法涅斯后来投效波斯国王冈比西斯（CAMBYSES），于公元前 525 年为波斯大军带路入侵埃及，在那里死于沙漠风暴。法涅斯币正是在哈利卡纳索斯城邦制造的，因为在该城发现了同类钱币。

英国货币学家伊恩·卡拉代斯说：

后者的图案是正在吃草的雄鹿，并带有铭文"吾乃法涅斯（Phanes）之徽"。这种钱币的来历并不确定，但是一个非常合理的观点认为，它们是卡里亚（CARIA）的哈利卡纳索斯

（HALICARNASSUS）制造的，因为在该城发现了同类的钱币，且该城后来出了一位雇佣军头领名叫法涅斯。[①]

卡里亚在小亚细亚半岛西南，爱奥尼亚以南的地方。哈利卡纳索斯是卡里亚主要的沿海城邦。

吕底亚王国是从赫梯王国中独立出来的古国，不是希腊城邦。但是，吕底亚王国后期，梅尔姆纳得斯王朝攻占了小亚细亚半岛上几乎所有的希腊城邦。所以，在吕底亚王国的琥珀合金币上，币文多是古希腊文字，法涅斯币正是如此：

有学者认为，公元前 7 世纪，吕底亚王国都城萨迪斯（SARDIS）的帕克托鲁斯河（PACTOLUS）中的天然金银矿沙被打制成的琥珀合金币，是西方世界最早的钱币。土耳其人将最早生产这种钱币的时间考定为公元前 640 年，并为此发行了纪念币。

除了都城萨迪斯，吕底亚王国控制下的爱奥尼亚地区生产琥珀合金币的时间也很早。我们看到的这枚法涅斯币正是出自爱奥尼亚地区。

🌀 爱奥尼亚

爱奥尼亚（Ionia）位于吕底亚地区的西南方，是古希腊时期对今天土耳其安那托利亚西南海岸地区的称呼，即爱琴海东岸的古希腊爱奥尼亚人定居地。爱奥尼亚的著名城市有以弗所、米利

---

① ［英］伊恩·卡拉代斯：《古希腊货币史》，黄希韦译，法律出版社 2017 年版，第 17—18 页。

都，还包括萨摩斯岛。公元前7世纪，爱奥尼亚被吕底亚王国统治。公元前546年，波斯帝国的军队入侵爱奥尼亚。公元前500年，爱奥尼亚人发动了反抗波斯人的起义。

吕底亚国王阿尔杜斯统治时期，爱奥尼亚开始生产琥珀合金币。

币2：爱奥尼亚1斯塔特琥珀合金币，公元前650年至公元前600年生产，重量为14.52克，正面是条纹，背面是3个压印。

币2

人们普遍认为，最早的琥珀合金币是在吕底亚王国首都萨迪斯生产的，原因是萨迪斯河流里有冶炼琥珀合金的金银沙粒。实际上，金银沙粒并非只是萨迪斯城中河流所独有，小亚细亚半岛西部河流中都有金银沙粒，琥珀合金币在小亚细亚半岛的多个城邦都有生产。

小亚细亚半岛西北部密细亚（MYSIA）地区的沿海城邦克孜柯斯（KYZIKOS）也生产了琥珀合金币。

币3：密细亚地区克孜柯斯城邦出土的1斯塔特琥珀合金币，公元前500年至公元前475年生产，重量为16克，正面上方是公狮图案，下方是

币3

金枪鱼图案；背面是风车式压印。

金枪鱼是克孜柯斯城邦的城徽，在许多种克孜柯斯城邦的古币上都有金枪鱼图案。

　　克孜柯斯城邦位于博斯普鲁斯（今伊斯坦布尔海峡）和赫勒斯滂海峡（今达达尼尔海峡）之间的普鲁蓬蒂斯海（今马尔马拉海）的南岸，是米利都人于公元前 679 年建立的。克孜柯斯城邦渔业发达，贸易兴盛，这里生产的琥珀合金币更是闻名于古希腊。

　　小亚细亚半岛的斯塔特琥珀合金币遵循两种重量标准：一是米利都制度标准（MILESIAN STANDARD），标准重量为 14 克；二是吕基亚制度标准（PHOKAIC STANDARD），标准重量为 16 克。米利都在小亚细亚半岛西部，吕基亚在小亚细亚半岛南部。令人感到奇怪的是，位于小亚细亚北部的克孜柯斯城邦，距离米利都更近，却没有采用米利都制度，而是采用了遥远地区的吕基亚制度。克孜柯斯城邦生产的 1 斯塔特琥珀合金币的理论重量为 16 克。

五

克洛伊索斯的
金银分离术

魔术师在舞台上认真地表演着他的绝活儿，花朵被手指碾碎，攥在手里，蓦然放手，飞出一只鸽子，台下传来一片惊叹声和掌声。几千年来，在世世代代人们的心里，克洛伊索斯好像也有比魔术师更大的本领，他能将萨迪斯河流中的琥珀合金分离为纯金和纯银，用来制造纯金币和纯银币。

金银分离术

美丽的传说

很久以前，有一个国王，他的王国是世界上最富有的王国，他的妻子是世界上最美丽的女人，他有至高无上的权力和用之不尽的财富。地位、美女、权力、金钱，应有尽有，他可以对神发誓，他确实过着幸福的生活。

然而，他失落了、迷惘了、感到不满足了。地位、权力、金钱，大家都看到了，并且对他表达了极度的崇敬和羡慕。唯一的是，妻子的美丽大家没有完全看到，衣服掩盖了妻子的美丽。怎么办？他找来贴身侍卫，要求他去偷窥妻子的裸体，以便得到贴身侍卫更多的崇敬和羡慕。

但是，美丽的传说变成血腥的屠杀，贴身侍卫与美丽的王后同谋，杀害了国王。于是，贴身侍卫得到了王位和王后，建立起了一个更加富有的王国。让人们无法忘怀的是，就是这个王国，发明了西方国家最早的钱币。

这就是古希腊著名历史学家、西方国家的史学之父——希罗多德在他撰写的《历史》第一卷中讲述的故事。故事里的国王就是当时世界上最富有的王国——吕底亚王国提罗尼德斯王朝的末代国王坎道列斯，贴身侍卫就是在杀害了坎道列斯之后，开创了梅尔姆纳得斯王朝的国王巨吉斯。

吕底亚王国位于小亚细亚半岛西部（今土耳其西北部），濒临爱琴海，公元前 13 世纪末从那个曾经称霸古代世界的赫梯王国中独立出来。公元前 640 年，巨吉斯的儿子阿尔杜斯执政时期，吕底亚王国创造了西方世界最早的钱币——琥珀合金币。

大家都相信这个故事。特别是土耳其人，他们在 1983 年发行了 500 里拉流通纪念币，纪念吕底亚王国发行人类第一枚钱币的壮举。

琥珀合金币是使用萨迪斯河里的金银合金制造的，金属成分三金一银，名称"斯塔特"（STATER），重量大约为 14 克。

金银分离

据说，到了阿尔杜斯的重孙子克洛伊索斯执政时期（公元前 560 年至公元前 546 年），吕底亚王国发明了金银分离术，开始铸造纯金币和纯银币。纯金币重量大约为 8 克，纯银币重量大约为 11 克。

从地中海沿岸的古希腊诸城邦到印度西北部的印度河流域，传统钱币以银币为主。其原因是：早在钱币发明之前的 1000 多年里，从两河流域到小亚细亚半岛，从伊朗高原到印度河流域，广泛流通着白银称量货币。正是白银称量货币的长期发展，演化出了白银数量货币——钱币。克洛伊索斯从美丽的琥珀合金里提炼出白银，用来制作纯银币，听上去十分浪漫，分析起来却很不靠谱。

公元前 19 世纪，赫梯王国在小亚细亚半岛出现，经过百年的发展，将王国的版图逐步扩大到几乎整个半岛。赫梯王国一经出现，就进入了铁器时代，并依靠铁器优势成为世界强国。公元前 1595 年，赫梯人攻入巴比伦城，消灭了古巴比伦第一王朝。古巴比伦王国的商品交换采用白银称量货币。在《汉谟拉比法典》的 282 个条文中，使用白银称量货币的地方有 109 处，说明古巴比伦王国的白银称量货币流通十分繁盛。赫梯王国消灭了古巴比伦王国，继承了古巴比伦王国的白银称量货币制度，在公元前 15 世纪撰写的《赫梯法典》的 200 个条文中，使用白银称量货币的地方有 167 处。这说明，赫梯王国的白银称量货币的流通比古巴比伦王国的白银称量货币的流通更广泛。

公元前 1285 年，赫梯王国的军队与埃及法老拉美西斯二世的军队大战于叙利亚的卡迭石东部。公元前 1269 年，赫梯王国与埃及王国缔结同盟条约，结束了战争。

战争耗费了大量资源，使赫梯王国开始瓦解，吕底亚王国从中独立出来。又经历了 600 多年的发展，濒临地中海的吕底亚王国越来越富有，成为世界上最富有的王国，使白银称量货币也达到了空前鼎盛。

在这个时候出现的纯金币和纯银币，其主要金银原料，不会是从琥珀合金中提炼出来的，而是吕底亚王国长期积累的。

金币为主

在纯金币和纯银币并行制度下，纯金币作为价值尺度，属于主币，而纯银币代表一定数量金币的价值，属于辅币。然而，在商品经济中，纯银币作为交换媒介、流通手段，在市场上的活动更为频繁。

在地中海沿岸，埃及人、赫梯人乃至古希腊的迈锡尼人，都长期使用黄金和白银作为财富储藏手段和商品交换媒介。吕底亚人最早的钱币，是继承了赫梯人舍客勒重量标准的金币。舍客勒重量为 8.33 克，扣除成本和铸币税，实际重量大约为 8 克，这与出土的吕底亚王国斯塔特金币的重量基本相符。

币 4：吕底亚王国克洛伊索斯 1 斯塔特纯金币，公元前 560 年至公元前 546 年生产，重量为 8.70 克，正面是狮头

币 4

与牛头相对的图案，背面有两个压印。

公元前 2096 年至公元前 2047 年，乌尔第三王朝的国王舒尔吉统一了两河流域的度量衡。公元前 605 年至公元前 562 年，新巴比伦王国国王尼布甲尼撒找到了一个舒尔吉两弥那重量的石刻砝码，将其复制，作为新巴比伦的重量标准。公元前 539 年，波斯帝国消灭了新巴比伦王国，继承了新巴比伦王国的重量标准。根据出土石刻砝码考证，一枚名曰"大流士宫殿"的石刻砝码表明，公元前 522 年至公元前 486 年的波斯国王大流士使用的弥那重量标准为 500.2 克。

1 弥那重量为 500 克，等于 60 舍客勒，1 舍客勒重量就是 8.33 克。这就是吕底亚王国在发明钱币时期的重量标准。

此时，黄金和白银的比价是 1：13.3，即 1 舍客勒黄金兑换 13.3 舍客勒白银。那么，1 斯塔特银币的重量应该是多少？

吕底亚王国规定，1 枚斯塔特金币兑换 10 枚斯塔特银币。8.33 克 × 13.3 ÷ 10 = 11.08 克，去掉成本和铸币税，1 枚斯塔特银币的重量应在 11 克左右，这与出土的吕底亚王国的纯银币的重量基本相符。

币 5

币 5：吕底亚王国克洛伊索斯 1 斯塔特纯银币，公元前 560 年至公元前 546 年生产，重量为 10.66 克，正面是狮头与牛头相对的图案，背面有两个压印。

钱币的诞生是金属称量货币长期发展演化的结果。钱币的名称，一般采用前身称量货币重量单位的名称。例如，古希腊的德拉克马，原本是金属称量货币单位，后来成为钱币的名称和钱币的重量标准；古罗马的阿斯，原是金属称量货币单位，后来成为钱币的名称和钱币的重量标准；中国的半两，原是金属称量货币单位，后来成为钱币的名称和钱币的重量标准。

吕底亚王国琥珀合金币的名称，显然不是从琥珀合金称量货币名称而得来的，其名称无从考证，后人使用斯塔特（STATER，意思是标准）作为其名称，表示这是标准重量的钱币。

希罗多德（公元前 484 年至公元前 425 年）出生在小亚细亚半岛西南海滨的一座古老城市。在他出生前 62 年，波斯帝国国王居鲁士攻陷萨迪斯，俘虏了吕底亚王国的国王克洛伊索斯，征服了小亚细亚半岛。希罗多德酷爱史诗，到处行走，收集历史故事。希罗多德在他撰写的《历史》第一卷中所讲述的小亚细亚半岛上的故事，是他在当地考察时获得的。

克洛伊索斯时代，小亚细亚半岛上流通着纯金币、纯银币和琥珀合金币，这应该是真实的。也许吕底亚人在萨迪斯河里淘金，使用琥珀合金提炼纯金和纯银，也是真实的。但是，克洛伊索斯制造纯金币和纯银币的主要原料，一定还有其原有的来源。金银冶炼技术在克洛伊索斯时代之前 2000 年就已经出现了，克洛伊索斯主要使用原有的冶炼方式和社会储存的黄金和白银原料制造纯金币和纯银币，而不是主要从琥珀合金中提炼黄金和白银原料，用来制造纯金币和纯银币。

六

《钱币法令》与
提洛同盟的瓦解

为了集中古希腊各城邦的人力、财力，共同抵御波斯帝国的军事入侵，雅典与一些古希腊城邦组建了提洛同盟。随着战争的进展，雅典逐步将提洛同盟变为控制和剥削盟国的工具，颁布了《钱币法令》，规定盟国统一使用雅典钱币。雅典势力的增长，引起了以斯巴达为首的另一个古希腊城邦集团——伯罗奔尼撒同盟的惊恐不安。希波战争后，伯罗奔尼撒同盟与提洛同盟之间爆发了战争。由于雅典对盟国的严酷压榨，盟国纷纷倒戈，提洛同盟终于瓦解。雅典战败后，其在古希腊诸城邦中失去了领导地位，古希腊文明从此走向衰败。

🐉 提洛同盟

古代中国即将进入战国时期的时候，远在西方的波斯帝国与古希腊诸城邦发生了大规模的战争。

公元前 492 年，波斯帝国的国王大流士向古希腊正式宣战，派遣大军，分海陆两路远征古希腊，拉开了希波战争的大幕。

然而，波斯帝国远征古希腊的战争并不顺利，战争打打停停，胜负难分，持续不断。公元前 486 年，大流士国王去世，他的儿子薛西斯继位。公元前 480 年，薛西斯率领大军远征古希腊，陆军约 50 万人，海军有千余艘战舰，船员近 15 万人。为了应对波斯大军的进攻，雅典联合斯巴达、希腊多个城邦组建了军事联盟。

公元前 478 年，以雅典为首的一些古希腊城邦组建了更为紧密的同盟。因为盟址及金库设在提洛岛（DELOS），故称"提洛同盟"，也称"第一次雅典海上同盟"。提洛岛位于爱琴海的中南部，向西遥望雅典，向南遥望克里特岛，向东遥望小亚细亚的米利都，具有重要的军事地位。这些城邦建立提洛同盟的初衷是以集体力量解放遭受波斯帝国奴役的希腊城邦和防御波斯帝国的再次入侵。早期加入提洛同盟的是小亚细亚和爱琴海诸岛的古希腊城邦，后来逐步扩大，增至约 200 个城邦。入盟的各城邦可以保持原有的政体，同盟事务由在提洛岛召开的同盟会议决定，按照入盟城邦的实力大小，各出一定数量的舰船、兵员和盟捐。

自公元前 5 世纪 60 年代起，雅典便开始逐渐将提洛同盟变为控制和剥削同盟各城邦的工具，并将自己变为事实上的盟主。因此，史书中常将提洛同盟称为"雅典霸国"或"雅典帝国"。公元前 454 年，提洛同盟的金库从提洛岛迁至雅典城，进一步加强了雅典对盟金的控制权和支配权。

公元前 449 年，雅典海军在塞浦路斯北部的萨拉米城附近打败波斯帝国军队，取得了希波战争的最后胜利。但是，提洛同盟并没有因此而宣告解散。希波战争结束后，盟捐成为雅典强令缴纳并随意用于本国需要的贡款。雅典向各城邦派出大批军事殖民者，严厉镇压宣布退盟的城邦，强令各城邦的重要案件交由雅典审理，支持各城邦建立亲雅典的民主政体，并规定各城邦采用雅典的钱币。为此，雅典颁布了《钱币法令》。由于这个法令是由克雷阿尔克斯提议的，所以也被称为《克雷阿尔克斯法令》。

《钱币法令》

《钱币法令》规定，雅典打造的钱币是提洛同盟各城邦唯一的合法钱币。各城邦的钱币应交付到雅典造币厂，重新打造成雅典钱币。对此，《钱币法令》规定了八个方面的事情[①]：

1. 对于提洛同盟各城邦公民的规定

□□□□□□□□□□□各邦无论何人——公民抑或外来人，官员【除外】——若违反本法令行事，将被剥夺公民权，其

---

① 曾晨宇：《"钱币法令"与雅典的经济霸权》，《古代文明》2017 年 7 月第 3 期，第 38—45 页。

财产将被充公，其中十分之一归女神所有。

提洛同盟各城邦的公民，若有人不执行雅典颁布的《钱币法令》，应剥夺其公民权，没收其财产。

2. 对于提洛联同盟各城邦官员的规定

倘若没有雅典官员负责监督实施业已通过的决定，则由诸邦的官员负责实施；倘若未按业已通过的决定行事，这些官员将在雅典被起诉而失去公民权。

提洛同盟各城邦的官员，若负责实施雅典颁布的《钱币法令》，而没有遵照执行，应被送到雅典受审，并失去公民权。

3. 对于造币坊主的规定

造币坊主至少要把所收外币之半数打造成雅典币，□□□□□□□□□□□□□□□，另外半数□□□□□□□□□□。

外币被送到造币坊，造币坊主应将其至少半数打造成雅典钱币。至于其余部分钱币如何处理，由于出土铭文字迹模糊，不能辨认，因此无法清楚说明。

4. 对提议使用外币的人处以死刑

倘若有人提议或赞同使用外币或以外币借贷，即将招致十一人委员会的指控，并会被处死；如有异议，可在法庭上申辩。

在商品交易或货币借贷活动中提议使用雅典钱币以外的钱币进行交易或借贷的人，应被处死。

5. 关于《钱币法令》的颁布方式

民众将选出传令官，遣其到各邦宣布本法令；伊奥尼亚、诸岛、赫勒斯滂以及色雷斯各一名。诸将军应速派其出发，□□□□□□□□□，否则将受到一万德拉克马的罚金。

派出传令官 4 名，分别到伊奥尼亚、诸岛、赫勒斯滂和色雷斯传达《钱币法令》，延误者，罚款 1 万德拉克马。

6. 关于《钱币法令》的公布方式

各邦官员应把本法令勒石刊布，立于各邦的广场，造币坊主则要立于作坊前。即使不愿，雅典人亦要强迫如此行事。被派出的传令官将令其按照雅典人的命令行事。

《钱币法令》应勒石刊布于各城邦的广场。造币坊的坊主应将《钱币法令》公布在造币坊前。

7. 提洛同盟各城邦议事会应发誓对违反《钱币法令》者给予处罚

议事会司书将把下文列入各邦议事会的誓言中："倘若有人在邦内造银币，不使用雅典币、雅典的币制，而使用外币、外币的币制，我们将按照克雷阿尔克斯提议的上述法令处罚。"

提洛同盟各城邦议事会应发誓，对于不使用雅典币，而使用外币者，将根据《钱币法令》给予处罚。

8. 持外币者应将外币送交造币坊兑换雅典钱币

个人所持有之外币均应交出并以同样方式兑换，城邦将付给兑换过的雅典币□□□□□□□□。每人均可把□□□□□交造币坊。坊主□□□□□，记录□□□□，□□□□在造币坊前，以便他人查验，外币□□□□□□□□□□□□□。

🌊 同盟瓦解

希波战争期间，雅典政坛上出现了一颗新星——伟大的政治家伯里克利（公元前461年至公元前429年为雅典重要领导人）。伯里克利代表大多数雅典人的观点，对内坚持民主政体，但对外强化世界霸权，严酷压榨同盟各城邦，将雅典引上彻底衰败的道路。

在对外政策方面，伯里克利奉行雅典利益至上的原则，剥削掠夺其他城邦甚至盟邦。在希波战争后期，提洛同盟实际上已经依附雅典，其金库也受到雅典的控制。伯里克利不遗余力地维护同盟的存在和雅典的霸主地位。当时，萨摩斯城邦想脱离同盟，遭到了雅典人的残酷镇压。公元前454年，雅典在埃及惨败于波斯，一些盟邦在波斯的支持下脱离了提洛同盟，伯里克利一方面召回了骁勇善战的老将客蒙对抗波斯；另一方面严惩这些城邦，强迫他们再次加盟。他还派出军队和监察官，建立宣誓效忠雅典的民主政体或傀儡政府。同盟会议此后不再召开，由雅典单独发号施令处理有关事务。伯里克利还将提洛同盟的金库从提洛岛直接迁到雅典，使同盟的金库成为雅典的国库，他使用金库里的盟金给雅典人发放福利。

当盟邦对雅典离心离德的时候，斯巴达乘机而动，带领伯罗奔尼撒同盟诸城邦,企图从雅典手中夺取古希腊世界的霸主地位。公元前 431 年,以斯巴达为首的伯罗奔尼撒同盟与以雅典为首的提洛同盟之间爆发了战争。

这场战争进行了 27 年。公元前 404 年春,雅典处于被封锁的困境之中,往昔的盟国没有一个前来援助,因为雅典的冷酷、残暴早已让这些城邦心灰意冷。雅典粮草断绝,只好投降,被迫接受屈辱的合约,取消提洛同盟。

伯罗奔尼撒战争是希腊历史上的一个转折点,希腊的黄金时代结束了。雅典的战败有复杂的政治、经济、文化原因,雅典对盟邦的经济掠夺,则是雅典战败的重要原因之一。

七

古罗马的狄纳里银币

第二次布匿战争（公元前218年至公元前201年）爆发初期，罗马共和国庞大的军事开支造成阿斯铜币大幅度减重。罗马市场上恶币泛滥，商品交换受阻。为了挽救货币危局，支付军费开支，罗马共和国于公元前211年开始发行狄纳里银币，建立了比阿斯铜币更为可信、更为稳定的狄纳里银币制度。

　　到了罗马帝国前期（公元前27年至公元294年），罗马的对外军事扩张持续进行，虚币敛财的主要对象已经从铜币转向银币。经历了狄纳里银币大幅度降低金属成色的过程之后，罗马帝国皇帝戴克里先于公元294年用阿根图银币取代了狄纳里银币。从此，在古罗马延续了500多年的狄纳里银币制度宣告终结。

铜币贬值

罗马共和国的铜币贬值是通过减少制造阿斯铜币的用铜量来实现的。

罗马共和国前期使用青铜称量货币，称量单位是阿斯。阿斯的标准重量为现代的 327 克，可以分为 12 盎司，1 盎司为 27.25 克。公元前 289 年，罗马共和国开始铸造以阿斯重量为单位的数量货币——阿斯铜币，即重量为 327 克的青铜铸币。经历了皮洛士战争和第一次布匿战争，阿斯铜币出现了明显的减重，但其重量仍然在 10 盎司左右。阿斯铜币更大幅度的减重发生在第二次布匿战争期间。

公元前 218 年，第二次布匿战争爆发。战争使罗马共和国耗费了大量钱财。公元前 217 年，阿斯铜币的含铜量已经从最初的 12 盎司减少到 6 盎司。此后，随着战争的进行，阿斯铜币的铜金属含量继续下降到 4 盎司、3 盎司。

与此同时，青铜铸币的重量标准也经历了一系列变化。毋庸置疑，战争爆发时 1 阿斯理论上仍重 10 盎司，但实际操作中会少于 10 盎司。起初，重量标准减到原标准的 1/2，即理论上 1 阿斯变成 6 盎司，然后降低至 1/3，最后到 1/4。考虑到这段时期罗马钱币的整体年表，我认为标准重量减半最合理的时间是公元前217年。[①]

根据英国货币学家迈克尔·H. 克劳福德的考证，阿斯铜币的重量减少到6盎司的时间在公元前217年。

到了公元前211年，罗马共和国建立狄纳里银币制度的时候，阿斯铜币的重量已经下降到2盎司左右。

一般来说，钱币减重的原因来自两个方面：一是商品经济的发展对钱币供应总量提出了更多的需求，而钱币供应增量跟不上商品供应增量，所以市场不得不接受更为轻小的钱币；二是政府需要更多的钱财，通过虚币敛财的方法从民间收敛，所以采取了钱币减重的政策。

罗马共和国阿斯铜币减重的原因主要是政府需要更多的钱财，用来支持对外扩张的战争。罗马共和国阿斯铜币减重的情形与中国战国时期秦国半两钱减重的情形相似。公元前336年，秦惠文王开始铸行半两钱，即重量12铢的铜钱。到了公元前221年，经历了长期的战争，秦始皇统一天下，半两钱的重量已经从最初的平均12铢左右减少到平均8铢左右。

罗马共和国阿斯铜币发展演变的情形与秦国半两钱发展演变的情形一样，都出现了持续减重的趋势。当时，罗马共和国实行民主制度，秦国实行君主独裁制度，在这两种不同的制度下，为什么它们的货币政策却如此相像？其原因是，罗马共和国与秦国

---

① ［英］迈克尔·H. 克劳福德：《罗马共和国货币史》，张林译，法律出版社2019年版，第67页。

都在对外作战，都需要大量的军费，而军费需要通过从造币过程中节约用铜来获得。

改用银币

公元前 211 年，阿斯铜币减重过度，只剩下原来重量的 1/6。于是，罗马共和国开始制造狄纳里银币，让狄纳里银币与阿斯铜币并行流通。

狄纳里银币与阿斯铜币的比价，是根据过去德拉克马银币与阿斯铜币的法定比价制定的。公元前 211 年以前，罗马已经开始仿照希腊银币的规制制造和使用二德拉克马银币。二德拉克马银币与阿斯铜币的比价是 1：20，即 1 枚二德拉克马银币兑换 20 枚阿斯铜币。由此推论，1 枚德拉克马银币兑换 10 枚阿斯铜币。根据这个比价，罗马共和国开始制造本国的银币，采用 1 枚德拉克马银币的重量，制造等于 10 枚阿斯铜币价值的银币，称为"狄纳里"。

狄纳里 [DENARIUS] 这个词语源自拉丁文"DENI"，意思是10 个，指 10 个阿斯铜币的价值。

古罗马的核心重量单位是罗马磅，即 1 阿斯，标准重量为327 克；古希腊德拉克马的阿提卡标准是 4.37 克，罗马磅与德拉克马的比率就是：

327 克 ÷4.37 克 =74.83

即 1 罗马磅等于 74.83 德拉克马。于是，罗马共和国建立的狄纳里银币制度规定，1 罗马磅白银除去 2.83 德拉克马的成本，打制 72 枚狄纳里银币。1 枚狄纳里银币的重量，理论上大约等于 1 德拉克马，即 4.54 克。

币 6：罗马共和国 1 狄纳里银币，公元前 211 年至公元前 210 年生产，重量为 4.38 克，正面图案是罗马女神戴盔头像，头后有 "X"（罗马数字 10），意思是价值 10 枚阿斯铜币；背面图案是狄俄斯库里兄弟持矛骑马向右奔跑像，下方币文为 "罗马"（ROME）。

币 6

这枚狄纳里银币是狄纳里银币制度建立初期生产的，重量为 4.38 克，比狄纳里银币的理论重量少 0.16 克。缺少的 0.16 克白银，可以理解为制造这枚狄纳里银币的税币税和制造成本。

银币贬值

罗马帝国的银币贬值是通过减少制造银币的用银量，即降低银币的白银成色来实现的。

公元前 201 年，第二次布匿战争结束时，狄纳里银币的标准重量从 1/72 罗马磅减少到 1/84 罗马磅，即从 4.54 克减少到 3.89 克。此后，狄纳里银币的重量保持了相当一段时期的稳定。

公元 64 年，已经是罗马帝国初期，罗马城被大火焚毁，罗马帝国元首尼禄为了重建罗马城，通过减少银币中的金属含量来收敛钱财，将狄纳里银币的法定重量从 1/84 罗马磅下降至 1/96 罗马磅，即 3.41 克。

此时，阿斯铜币的重量已经降到 11 克左右，继续减重的空间不大；狄纳里银币更为轻小，重量只有 3 克多，减重空间更小。

所以，罗马帝国只有通过降低狄纳里银币的白银成色来铸造更多的狄纳里银币，通过让百姓手中狄纳里银币的价值缩水，来实现虚币敛财的目的。于是，尼禄以后的罗马帝国各代元首在制造狄纳里银币时，总是减少白银金属的使用，更多地加入金属铜，以便制造更多的狄纳里银币。狄纳里银币最初的成色在90%左右，到了戴克里先建立君主制，成为罗马皇帝的时候（公元284年），狄纳里银币的成色已经降到了大约3.6%。

公元294年，戴克里先针对狄纳里银币成色下降的问题，实行了罗马历史上最为彻底的一次货币改革。在这次货币改革中，戴克里先创建了阿根图（ARGENTEUS）银币制度。阿根图银币的重量与狄纳里银币的重量一致，都是1/96罗马磅，即3.41克。阿根图银币的含银量为90%左右。1枚阿根图银币法定兑换100枚狄纳里银币。

英国货币学家卡森说：

一种纯度在90%左右的优质银币被重新使用，其生产标准为1/96罗马磅，有时这种钱币上带有"XCVI"（96）的标记。……

从1970年在阿芙罗迪西亚斯发现的阿根图币上的币文可以得知，在当时（比最初的改革稍晚一点的时期，即公元301年），仍然是1阿根图=100狄纳里。按照银的含量，这种阿根图币与改革前的纯度安敦尼币的比大约是25∶1，这意味着1安敦尼=4狄纳里。[1]

---

[1] ［英］R.A.G.卡森：《罗马帝国货币史》，田圆译，法律出版社2018年版，第502页。

安敦尼银币制度是罗马帝国元首卡拉卡拉创建的货币制度，其核心内容是，用等于 1.5 狄纳里的白银铸造价值 2 狄纳里的银币。到了戴克里先统治时期，狄纳里银币与安敦尼银币的重量和成色都比较接近。但是，1 枚安敦尼银币法定兑换 4 枚狄纳里银币。

如果说阿根图银币的含银量为 90% 左右，是改革前安敦尼银币或者狄纳里银币含银量的 25 倍，那么，在戴克里先接手的货币制度中，狄纳里银币的含银量就只有 3.6%，属于含有少量白银的铜币。

戴克里先货币改革之后，狄纳里银币的价值只有 1/100 阿根图银币的价值，制造狄纳里银币便成为亏损的事情。所以，戴克里先之后的罗马帝国皇帝都不再制造狄纳里银币，狄纳里银币逐步退出了流通。

八

古罗马的奥里斯金币

罗马人制造金币，是从仿制古希腊斯塔特金币开始的，这种仿制始于第二次布匿战争期间（公元前 218 年至公元前 201 年）。据说，公元前 211 年罗马共和国建立狄纳里银币制度的时候，就有了奥里斯金币。但是，迄今为止，我们见到的最早的奥里斯金币，是公元前 82 年在苏拉的随军造币厂制造的。此后，罗马人制造的奥里斯金币逐渐多了起来。这种情形一直延续到君士坦丁大帝统治时期，索利多金币制度取代奥里斯金币制度为止。

仿制金币

　　罗马人的价值观念崇尚简朴，所以把使用金币看作一种奢侈的表现。罗马共和国最初的钱币是阿斯铜币，然后又仿照希腊钱币制度制造了二德拉克马银币和斯塔特金币。

　　第二次布匿战争时期，罗马共和国先后发行过两次金币，都是仿照希腊钱币制度制造的斯塔特金币。

　　币 7：罗马仿照希腊币制打制的半斯塔特金币，公元前 225 年至公元前 212 年在罗马造币场制造，重量为 3.38 克，正面图案是罗马门神雅努斯两面神束头带无须肖像；背面图案是战士立誓场景，左方士兵脚踏石块，左手持矛；右方士兵左

币 7

手持倒立的矛，右手持军用毛氅，双方用右手抚持一怀抱小猪跪坐的随从，线下币文："ROMA"（罗马）。

　　同时，罗马共和国仿照希腊币制打制了二德拉克马银币。

　　币 8：罗马仿照希腊币制打制的二德拉克马银币，公元前 225 年至公元前 212 年在罗马造币厂制造，重量为 6.37 克，正面图案是罗马门神雅努斯两面神无须肖像；背面图案是众神之王朱庇特手持权杖和霹雳，赶四驾马车朝右行进，身后是维多利亚胜

利女神，下方币文："ROMA"（罗马）。

此时，罗马共和国 1 斯塔特金币等于 24 德拉克马银币。我们根据上述同一时期仿照希腊币制打制的金币和银币的实测重量来计算金银比价：

币8

（2×3.38）克黄金 =24×（6.37 克 ÷2）克白银

6.76 克黄金 =76.44 克白银

1 克黄金 =11.31 克白银

考虑到金币和银币的打制成本不同，铸币税也有不同，上述金银比价并不精确，只是一个大体上的概念。

奥里斯币

奥里斯（AUREUS）这个词语来源于拉丁文"AURUM"的词头"AUR"，意思是"黄金"。

罗马共和国时期，奥里斯金币打制甚少，我们不知道它的标准重量是多少。然而，我们知道狄纳里银币是按照仿制希腊币制德拉克马银币打制的，标准重量是 1/72 罗马磅，并且知道，当时金币与银币的兑换率是 1 枚奥里斯金币等于 25 枚狄纳里银币。结合当时的金银比价，我们可以推算出金币的理论重量：

327 克 ÷72×25÷11.31=10.04 克

由此可知，当时奥里斯金币的打制标准大约为 1/32 罗马磅（10.22 克），或者是仿制希腊币制斯塔特金币重量 6.76 克的 1.5 倍（10.14 克）。最初的 1 枚奥里斯金币，应该可以兑换 1.5 枚仿制希腊币制斯塔特金币。

迄今为止，我们见到的最早的奥里斯金币是罗马共和国晚期在苏拉随军造币厂制造的，重量为 10.72 克。

币 9：苏拉 1 奥里斯金币，公元前 82 年在苏拉随军造币厂制造，重量为 10.72 克，正面图案是罗马女神戴双翼盔头像，头后币文为"副财政官"（PRO · Q[VAESTOR]），右方币文为"曼里乌斯"（L · MANLI[VS] [TORQUATVS]）；背面图案是苏拉赶四驾马车前行，上方的胜利女神维多利亚用月桂环为其加冕，线下币文为"苏拉·最高统帅"（L · SVLLA · IM）。

币 9

苏拉时期制造的奥利斯金币，标准重量应该是 1/30 罗马磅，即 10.90 克，扣除制造成本和铸币税，金币实际重量低于 10.90 克。

此时的狄纳里银币的标准重量是 1/84 罗马磅，1 枚奥利斯金币兑换 25 枚狄纳里银币，钱币金银比价：

（327÷30）克黄金 =25×（327÷84）克白银

10.9 克黄金 =97.32 克白银

1 克黄金 =8.93 克白银

8.93 克白银制造的银币可以兑换 1 克黄金制造的金币。这与过去 13.3 克白银价值 1 克黄金的比价相比出现了很大的差异。在这种情况下，制造银币可以获得更多的造币利益，而制造金币获得的造币利益较小，甚至亏损。所以，此后罗马很少制造金币，而是主要制造银币。于是，罗马的银币流通便逐步繁荣起来。

金币贬值

罗马帝国的金币贬值是通过减少制造金币的用金量来实现的。

从古罗马钱币演化的过程来看，金币金属价值的减少迟于铜币，其减少速度则慢于银币。奥里斯金币重量出现下降趋势，发生在罗马共和国晚期。

公元前61年，庞培制造的奥里斯金币重量为8.93克，大约是1/37罗马磅；公元前49年，恺撒制造的奥里斯金币重量为8.63克，大约是1/38罗马磅；公元前46年，恺撒制造的奥里斯金币重量为8.10克，大约是1/40罗马磅。

公元前27年，罗马元老院授予屋大维"奥古斯都"称号，罗马共和国转为罗马帝国。

屋大维时期的阿斯铜币，重量已经从327克减少至11克，成为名副其实的虚币。铜币与金银之间的比价，已经出现了严重的扭曲。阿斯铜币已经成为依靠政府信用、财政税收认可的信用货币。因此，屋大维制造发行的阿斯铜币，都刻印了"SC"（元老院批准）文字，以增加其信用程度。然而屋大维制造发行的奥里斯金币和狄纳里银币，都不刻印"SC"文字，仍旧依靠其币材的金银价值发挥货币职能。

这时候，狄纳里银币已经发生了小幅度的减重，但是法定重量仍然为1/84罗马磅，即3.89克。屋大维制造发行的奥里斯金币法定重量是1/40罗马磅，即8.175克。1枚奥里斯金币仍然法定兑换25枚狄纳里银币。于是，钱币金银比价为：

25×3.89 克 ÷8.175 克 =11.90

即 1 克黄金的价值等于 11.90 克白银。这个比价与罗马共和国中期的钱币金银比价大体相符。

此后，奥里斯金币的重量继续下降。

公元 64 年，罗马城被大火焚毁。罗马帝国元首尼禄为了重建罗马城，筹集资金，实行货币改革。奥里斯金币的法定重量从 1/40 罗马磅降低到 1/45 罗马磅，即 7.27 克；狄纳里银币的法定重量从 1/84 罗马磅降低到 1/96 罗马磅，即 3.41 克。

公元 215 年，罗马帝国元首卡拉卡拉为了给禁卫军提高工资，实行货币改革，发行安敦尼银币，1 枚重量为 1.5 枚狄纳里银币的安敦尼银币，法定兑换 2 枚狄纳里银币，从中获取 0.5 枚狄纳里银币的利益。同时，卡拉卡拉将奥里斯金币的法定重量从 1/45 罗马磅下降为 1/50 罗马磅，即 6.54 克。

公元 270 年，奥勒良成为罗马帝国元首，发行奥里斯金币，重量标准为 1/60 罗马磅，即 5.45 克。

公元 306 年，君士坦丁在不列颠接替他父亲的职位成为奥古斯都。公元 323 年，君士坦丁打败了他的最后一个敌手李锡尼，结束了戴克里先四帝共治的国家分裂局面，成为罗马唯一的君主，直到公元 337 年去世。

君士坦丁没有制造奥里斯金币，而是制造索利多金币（SOLIDUS）。索利多的意思是"厚重"。但是，索利多金币并不厚重，法定重量为 1/72 罗马磅，即 4.54 克，低于当时奥里斯金币 1/60 罗马磅的重量。

九

卡拉卡拉发行的
安敦尼币

玛尔库斯·奥勒利乌斯·安敦尼（MARCUS AURELIUS ANTONINUS）是罗马帝国塞维鲁王朝的第二任元首，人称绰号卡拉卡拉。人们称呼他为卡拉卡拉，是因为他喜欢穿一种名为卡拉卡拉的披风。遵照父亲塞维鲁的遗嘱，卡拉卡拉竭力搜刮民财，让士兵们发财，以保障自己的统治。但是，卡拉卡拉机关算尽，仍然没能保住自己的性命，继位 6 年后就被人杀害了。卡拉卡拉死了，他发明的用来敛财的虚币"安敦尼币"却流传了下来，继续发挥着虚币敛财的功能。

🌀 乱中取胜

公元 192 年的最后一天，罗马帝国的元首康茂德被刺杀了。

罗马城市官佩蒂纳克斯被禁卫军推举为罗马元首。公元 193 年 3 月，禁卫军以佩蒂纳克斯实行错误的经济政策为借口，杀害了他。

禁卫军开始拍卖帝位。第迪乌斯·尤利安努斯以每位禁卫军 25000 塞斯特提铜币的价格中标，得到了罗马元首的宝座。公元 193 年 4 月，叙利亚总督佩西尼乌斯·奈哲尔在叙利亚宣布自己为罗马元首。同时，潘诺尼亚总督塞普蒂米乌斯·塞维鲁在潘诺尼亚宣布自己为罗马元首，并率领军队向罗马进军。禁卫军无奈地抛弃了第迪乌斯·尤利安努斯。6 月 1 日，第迪乌斯·尤利安努斯被处死。

公元 193 年 6 月，塞维鲁率领军队进入罗马，元老院让他当罗马元首。为了获得不列颠总督克劳狄乌斯·阿尔拜努斯的支持，塞维鲁宣布阿尔拜努斯为自己的恺撒（意思是"太子"）。

币 10：塞维鲁王朝 1 塞斯特提铜币，公元 194 年生产，重量为 24.27 克，正面图案是塞维鲁戴月桂冠面朝右头像，周围币文为"L SEPT · SEVERVS · PERT AVG · IMP Ⅲ"（塞普蒂米乌斯·塞维鲁·终身奥古斯都·三届最高统帅）；背面图案左侧是希腊神话中的勇神海格立斯手持棍棒及狮皮站像，右侧是酒神利伯尔手持藤杖及倒置酒杯站像，酒杯下面有豹，周围币文为"DIS AVSPICIB[VS]·TR P Ⅱ·COS Ⅱ"（诸神的吉兆·二届保民官·二届执政官），线下币文为"SC"。

在短短的 5 个月零 2 天的时间里，康茂德、佩蒂纳克斯、第迪乌斯·尤利安努斯三位罗马元首相继被杀害。但是，在罗马各路军马人众的逼迫下，各路军马的指挥官却不得不去争夺这个位子。

币 10

公元 194 年，塞维鲁率领军队攻打叙利亚，在伊苏斯击败奈哲尔。奈哲尔去世，塞维鲁势力得到加强，便宣布长子卡拉卡拉为恺撒。得知塞维鲁宣布他的长子卡拉卡拉为恺撒，远在不列颠的阿尔拜努斯知道塞维鲁欺骗了他，就立即宣布自己为罗马元首。后来，阿尔拜努斯在卢格都诺姆（今法国里昂）战役中败给塞维鲁。

塞维鲁能够在战争中常胜，原因是他懂得优待军人。他把钱花在军人身上，给军人发高饷，并把元老们一个个地撤下重要职位，以军人替代元老。公元 208 年，塞维鲁出兵不列颠。公元 211 年，塞维鲁病死在约克郡，临终前对两个儿子卡拉卡拉和盖塔的遗言是："愿你们兄弟和睦相处，让士兵们都发财，不要管其他人。"

虚币敛财

塞维鲁的长子卡拉卡拉和幼子盖塔成为共治元首。几个月后，卡拉卡拉谋杀了盖塔，成为真正的独裁元首。

卡拉卡拉没有遵照父亲的遗言保持兄弟和睦，却遵照父亲的遗言让士兵们发财。为了让士兵们发财，就要扩大税源。卡拉卡拉在公元212年颁布敕令，对帝国境内所有的自由民授予罗马公民身份，让大家都来交税。随后，卡拉卡拉又将罗马公民的继承税从5%提高到了10%。卡拉卡拉的税务改革标志着罗马帝国由盛转衰。

除了扩大税源，卡拉卡拉还采取虚币敛财的措施。公元215年，卡拉卡拉开始发行安敦尼币（ANTONINIANUS）。安敦尼币是银币，等于两个狄纳里银币，重量却只有5.11克，仅为1.5个狄纳里银币的重量。狄纳里银币的重量应该是1/96罗马磅，即3.41克。两个狄纳里银币的重量应该是1/48罗马磅，即6.81克。1.5个狄纳里银币的重量是3.41克×1.5=5.11克。

币11：塞维鲁王朝1安敦尼银币，公元215年生产，重量为5.31克，正面图案是卡拉卡拉戴芒冠面朝右头像，周围币文为"ANTONINVS·PIVS·AVG·GERM"（安敦尼·虔诚者·奥古斯都·日耳曼征服者）；背面图案是一只雄狮头部放射光芒朝左行进，爪下有霹雳，币文为"PM·TRP XVIII·COS IV·PP"（大祭司·十八届保民官·四届执政官·国父）。

卡拉卡拉实行的货币改革，不仅发行了重量小于法定价值的银币，还将奥里斯金币的重量从1/45罗马磅减少到1/50罗马磅。1罗马磅的重量为327克，1/45罗马磅的重量是7.27克；1/50罗马磅的重量就是6.54克，奥里斯金币的重量减少了0.73克。

有了增收的税金和虚币

币11

敛财获得的资金，卡拉卡拉将军人的工资从每年 500 狄纳里银币提高到每年 750 狄纳里银币，因而得到了军人们的广泛拥护。但是，这些拥护并没有保住卡拉卡拉的性命，公元 217 年，卡拉卡拉被杀了。

安敦尼币

卡拉卡拉发明安敦尼币，从百姓手中掠夺了大量钱财，发给士兵，企图利用士兵保住自己的性命。卡拉卡拉的企图，不久便遭遇失败。卡拉卡拉像罗马帝国的许多元首一样，惨死在刀剑之下。

卡拉卡拉死了，安敦尼币却流传下来，继续发挥着虚币敛财的作用。

值得一提的是，在 68 年之后，卡里努斯发行了一些安敦尼币。

卡里努斯的父亲卡鲁斯原本是罗马帝国的将军。公元 276 年，卡鲁斯趁罗马元首普鲁布斯率军出征波斯之机发动政变，成为罗马元首。公元 283 年，卡鲁斯将长子卡里努斯和幼子努梅里安立为恺撒，后又将这两个儿子任命为共治元首（奥古斯都）。就在这一年，卡鲁斯在攻打波斯途中被雷电劈死，努梅里安率领军队撤退至小亚细亚时被谋杀，大名鼎鼎的戴克里先被军人们拥立为罗马元首。留守罗马的卡里努斯又坚持了两年，公元 285 年，被自己部队的军人杀害。在这两年里，卡里努斯发行了一些安敦尼银币，重量已经远不足 5.11 克，却被当作 4 枚狄纳里银币使用。

币 12：卡里努斯 1 安敦尼银币，公元 283 年至公元 285 年在罗马造币厂生产，重量为 2.87 克，正面图案是卡里努斯戴芒冠面朝右头像，周围币文为"IMP·CARINVS·PF·AVG"（最

高统帅·卡里努斯·虔诚和幸运者·奥古斯都）；背面图案是朱
庇特站像，左手持杖，右手持维多利亚胜利女神，脚前有鹰，周
围币文为"IOVI·VICTORI"（致意胜利的朱庇特），线下有币
文"KA·B"（新月）。

币12

自从公元215年卡拉
卡拉发明了安敦尼银币制
度，使用1.5枚狄纳里银
币重量的白银，制造价值
2枚狄纳里银币价值的银
币，至公元283年卡里努斯发行减重的安敦尼银币，在这68年里，
历代罗马元首无不大量发行安敦尼银币，以暴敛民财。安敦尼银
币越来越小，而其所代表的价值，到了卡里努斯的时候，却已经
涨到法定兑换4枚狄纳里银币。

　　识别安敦尼银币的主要特征是钱币正面人物肖像头戴芒冠，
而狄纳里银币正面人物肖像是不带芒冠的。罗马帝国初期，钱币
上的人物肖像头戴芒冠表示此人已经升天成神。自从尼禄货币改
制以来，钱币上的人物肖像头戴芒冠则表示这枚钱币当两枚钱币
使用。这种情形，不仅用在银币上，而且用在金币和铜币上。英
国货币学家卡森说：

　　太阳冠取代公民冠是用于纪念神格化的皇帝，但是从尼禄时
期开始常常用于区分都蓬第铜币和阿斯铜币。公元215年，卡拉
卡拉发行的安敦尼币上的肖像也有这种装饰物，它被用来区分安
敦尼币和狄纳里币。在其他两倍币值的钱币中，这一特点也很明
显，比如卡拉卡拉皇帝之后出现的两倍奥里斯金币以及德基乌斯

时期开始出现的两倍塞斯特提币。①

　　卡里努斯制造的安敦尼银币很轻，却被当作 4 枚狄纳里银币使用，说明银币制度已经出现了严重的问题。

　　这时，戴克里先来了。戴克里先要对罗马帝国的货币制度进行彻底的改革。

---

　　① ［英］R. A. G. 卡森：《罗马帝国货币史》，田圆译，法律出版社 2018 年版，第 561 页。

+

戴克里先的货币
改革

屋大维创建了元首制，将罗马共和国转变为罗马帝国。戴克里先将罗马帝国的元首制转变为君主制，并创建了四帝共治制度，将罗马引入长久不息的帝王之间的战争。戴克里先不仅实行了政治改革，还实行了经济改革。在一系列的改革中，令人瞩目的是货币改革。

🐉 戴克里先

戴克里先的父亲是罗马元老阿努利乌斯家里的奴隶。他从主人家获得了自由，并获得了一个文书工作。戴克里先在这个家庭里成长起来，以普通士兵的身份服役，逐步提升到高级军官。

公元283年，罗马元首卡鲁斯率领军队，带着刚刚任命为共治元首的儿子努梅里安去攻打波斯，戴克里先作为努梅里安的卫队长一路前往。半途中，卡鲁斯被雷电劈死了。努梅里安率领军队撤退，当行至小亚细亚时，被自己的部下杀害。军人们拥立戴克里先为罗马元首。这时候，卡鲁斯的长子、留守罗马的卡里努斯已经是共治元首。戴克里先率领大军攻打卡里努斯的军队，将卡里努斯的军队打得落花流水，使卡里努斯兵败丧命。

于是，戴克里先成为罗马唯一的统治者，着手进行改革。

屋大维建立了元首制，元首的意思是第一公民。戴克里先建立了君主制，设立了君主头衔"多米努斯"，意思是主人。戴克里先还仿照东方君主的模式用豪华的宫廷仪式装饰自己，规定所有觐见君主的臣民要俯首下拜。从此，罗马帝国正式进入"君主制"统治时代。

虽然有了"多米努斯"称号，戴克里先并没有放弃"奥古斯都"这个神圣称号。戴克里先选择小亚细亚北部的尼科米底亚为自己的驻地。公元285年，戴克里先任命农民出身的将领马克西米安为恺撒，第二年又提升他为奥古斯都，让他去镇压巴高达和非洲起义，并组织莱茵河地区和高卢北部的防卫。公元 292 年，戴克里先正式任命自己为东部帝国主皇帝，任命马克西米安为西部帝国主皇帝，实现了"两帝共治"。公元 293 年，戴克里先和马克西米安各自为自己任命了一位恺撒，将自己的辖区划出一部分交给恺撒治理，从此实现了"四帝共治"。

戴克里先的改革使政府官员的数量成倍增加，从而加重了人民的税务负担。为了防止人民起义、地方反叛，戴克里先将原来的 47 个行省分割为 100 个行省，分而治之。戴克里先还实行军政分治的制度，削弱了地方长官僭位的能力。

货币改革

公元 294 年，戴克里先实行了罗马帝国历史上最彻底的一次货币改革。

此时，奥里斯金币的重量标准已经是 1/60 罗马磅，即 5.45 克。戴克里先继续按照这个标准制造奥里斯金币。同时，戴克里先创立了阿根图（ARGENTEUS）银币制度。1 枚阿根图银币的重量为 1/96 罗马磅，即 3.41 克，其含银量为 90%，价值等于 100 枚狄纳里银币。

币 13：戴克里先 1 阿根图银币，公元 294 年生产，重量为 3.83 克，正面图案是戴克里先戴月桂冠头像，周围币文为"DIOCLETIANVS·AVG"（戴克里先·奥古斯都）；背面图案是四位帝王在六塔营门三足祭坛前共同祭礼，两侧币文

币 13

为 "VIRTVS MILITVM"（军队的英勇）。

如果说阿根图币的含银量为 90%，是改革前安敦尼币含银量的 25 倍，那么，戴克里先接手的货币制度中，安敦尼币的含银量就只有 3.6%，属于含有少量白银的铜币。可以说，到了这个时候，罗马帝国的银币已经被历代元首逐步换成了铜币。戴克里先的货币改革，旨在恢复银币的本原。1 枚阿根图银币兑换 100 枚狄纳里银币，或者兑换 25 枚安敦尼币的货币制度，使狄纳里银币和安敦尼币迅速瓦解。戴克里先之后的元首不再打制狄纳里银币和安敦尼币。于是，这两种货币逐渐消失了。

除了银币，戴克里先还打制了铜币。这种铜币被称为 "FOLLIS"（弗里斯），意思是 "钱袋"，合金含量与安敦尼旧币相同，法定重量为 1/32 罗马磅，即 10.22 克，扣除制造成本和铸币税，实际重量大约为 10 克。英国货币学家卡森说：

> 作为一种新钱币，按照 1/32 罗马磅标准生产的弗里斯币平均重 10.00 克，并且它和安敦尼币几乎是由相同的合金打制而成的，因此它的价值相当于 10 枚狄纳里币。[①]

此时，安敦尼旧币的重量大约为 4 克。弗里斯币的合金含量与安敦尼旧币相同。1 枚弗里斯币的价值等于 2.5 枚安敦尼旧币的价值，1 枚安敦尼旧币的价值等于 4 枚狄纳里银币的价值，1 枚弗里斯币的价值就等于 10 枚狄纳里银币的价值。

---

① ［英］R. A. G. 卡森：《罗马帝国货币史》，田圆译，法律出版社 2018 年版，第 502 页。

全面改革

为了抑制通货膨胀，戴克里先发行了高纯度的银币以及其他辅币。但是，新币在整个帝国的货币流通总量中的比例太低，加之劣币驱逐良币，以及帝国生产、运输、销售体系陷于瘫痪，戴克里先拯救货币的努力归于失败。

在这种情况下，公元 301 年，戴克里先颁布了限制最高价格法（物价敕令）。这个限制价格上限的法令适用于数千种货品与工资，并对违例的商人处以死刑。然而，法令规定的官方价格远低于产品和服务的成本，严重地打击了生产和交换。

随着价格控制的失败，戴克里先只有依靠配给制，将军队和政府的物资供应与市场彻底隔绝，通过征收实物税确保军队和政府的需求，而放任普通百姓在通货膨胀中自生自灭。

在政治改革和经济改革的同时，戴克里先发动了宗教改革。公元 303 年，戴克里先颁布了迫害基督徒的法令：①基督徒士兵必须离开军队；②将基督教堂的私产全部充公；③将基督教的书籍烧毁。在戴克里先的宫殿被两次纵火后，戴克里先对基督徒采取了更强硬的措施：基督徒要么放弃信仰，要么被处死。

公元 305 年，戴克里先与马克西米安宣布退位。然而，对基督徒的迫害行动仍在继续，一直持续到公元 313 年君士坦丁颁布了"米兰敕令"为止。

"四帝共治"使国家陷入分裂，每个皇帝在自己的辖区内各行其是。同时，皇位继承方面也出现了问题。

早在公元 293 年，戴克里先任命伽列里乌斯为自己的恺撒，然后将自己的女儿瓦莱里娅嫁给他。同时，马克西米安任命君士坦提乌斯为自己的恺撒，然后将女儿狄奥多拉嫁给他。

公元305年，戴克里先和马克西米安退位，两位女婿升任奥古斯都。随即，伽列里乌斯任命马克西米努斯为自己的恺撒，君士坦提乌斯任命塞维鲁斯为自己的恺撒，从而形成了第二次"四帝共治"的局面。

第二年，君士坦提乌斯去世，帝位继承出现了问题。

不列颠和高卢的罗马军团拥立君士坦提乌斯的儿子君士坦丁为奥古斯都。罗马的近卫军拥立马克西米安的儿子马克森提乌斯为奥古斯都。马克森提乌斯接受了恺撒的头衔，让他已经退位的父亲——马克西米安恢复了原来的奥古斯都头衔。按照"四帝共治"的规则，原本应该继位的恺撒——塞维鲁斯被处死。继承戴克里先位置的伽列里乌斯拒绝承认君士坦丁和马克西米安的合法身份。在此形势下，解决问题只有依靠战争。于是，国内战争爆发了。

公元307年，伽列里乌斯率领军队进入意大利，任命李锡尼接替死去的塞维鲁斯的位置，成为罗马的奥古斯都。此时，马克森提乌斯与他的父亲马克西米安也分道扬镳。于是，皇帝越来越多，各自率领军队展开相互混战。

此时，退位赋闲的戴克里先已经失去权势，以前的功勋被人遗忘，他被元老院指责为罪犯，他的女儿和妻子先是被囚禁在叙利亚，然后在没有任何罪名的情况下被李锡尼杀害。

公元312年5月，戴克里先死在了他的宫殿里。几个月后，君士坦丁在罗马附近的米尔维安大桥战役中击败了他的劲敌马克森提乌斯。

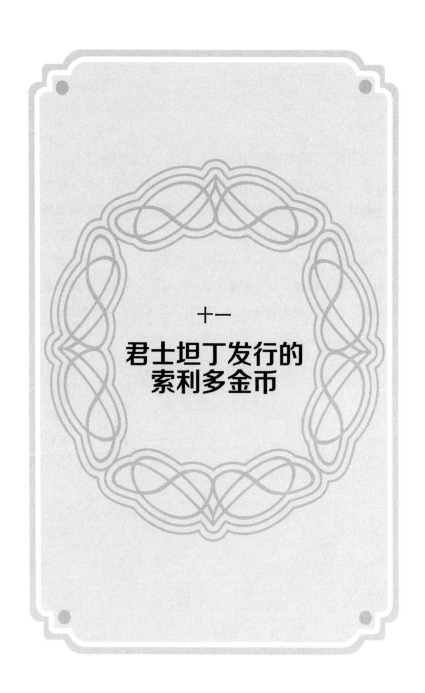

十一

君士坦丁发行的
索利多金币

君士坦丁是罗马帝国伟大的皇帝之一，他兴建了君士坦丁堡，开创了拜占庭帝国。他与李锡尼共同颁布了"米兰敕令"，使基督教合法化，自己也皈依基督教。他处死长子克里斯普斯和妻子福斯塔，将国家分给福斯塔的三个儿子，造成后来三个儿子的长期战争，使百姓陷入战争的极度苦难之中。在货币方面，君士坦丁继续发行戴克里先创建的弗里斯铜币，并使其金属含量逐年下降，以此大规模掠夺人民。同时，他不再制造奥里斯金币，而是改制索利多金币。

🐲 君士坦丁

　　君士坦丁是罗马帝国"四帝共治"时期西部帝国奥古斯都君士坦提乌斯·克罗尔的长子。据说，君士坦丁的母亲海伦娜是一家小旅店的女仆，君士坦丁是她与君士坦提乌斯的私生子。但是，这种说法受到了英国历史学者爱德华·吉本的质疑。爱德华·吉本认为，海伦娜是这家小旅店的主人，她与君士坦提乌斯的婚姻是合法的。公元293年，君士坦提乌斯被西部帝国奥古斯都马克西米安任命为恺撒之后，他就抛弃了海伦娜并与马克西米安之女弗拉维娅·马克西米安娜·狄奥多拉结婚了。

　　君士坦丁年轻时主要是为帝国的最高皇帝戴克里先在东方服役。公元305年，戴克里先和马克西米安双双退位，君士坦丁奔赴不列颠，与已经升任奥古斯都的父亲君士坦提乌斯会合。

　　公元306年，君士坦提乌斯去世，不列颠军团在英格兰东北部的约克郡宣布君士坦丁为奥古斯都。但是，另一些将领反对君士坦丁为奥古斯都。于是，一系列国内战争爆发了。战争一直进行到公元312年，君士坦丁在罗马附近的米尔维安大桥战役中击败他的最后一个劲敌马克森提乌斯时才宣告结束。

　　君士坦丁成为罗马帝国西部名正言顺的统治者，但是东部却由他的妹夫——东部帝国奥古斯都李锡尼统治。

　　公元323年，君士坦丁主动出击，将李锡尼围困在萨洛尼卡。

公元 324 年，君士坦丁在亚德里雅那堡和克里索普利斯打败了李锡尼。

从此，君士坦丁成为罗马帝国唯一的君主，一直到公元 337 年去世。

弗里斯币

戴克里先于公元 284 年至公元 285 年发行了弗里斯铜币（FULLIS）。因为，当时的安敦尼银币的含银量已经非常微小，弗里斯铜币的合金含量与当时的安敦尼银币保持一致，但其重量则相当于安敦尼银币的 2.5 倍，所以，1 枚弗里斯铜币的价值就等于 2.5 枚安敦尼银币的价值。同时，狄纳里银币的含银量更是微乎其微，此时 1 枚安敦尼银币的价值等于 4 枚狄纳里银币的价值，因此，1 枚弗里斯铜币的价值就等于 10 枚狄纳里银币的价值。

到了君士坦丁执政时期（公元 306 年至公元 337 年），这个奇怪的安排因弗里斯铜币的减值而被打破。

公元 307 年，君士坦丁开始制造弗里斯铜币，其重量出现了逐年下降的趋势。

生产时间	重量（克）	造币厂
公元 307 年	10.77	阿奎里亚（今意大利）
公元 307~308 年	7.18	特里尔（今德国）
公元 310~313 年	4.75	特里尔（今德国）
公元 318~319 年	2.82	塞洛尼卡（今希腊）
公元 324~325 年	2.02	安条克（今叙利亚）

英国货币学家卡森说:

公元 307~313 年,弗里斯币的重量持续下降,而现在看来,这种重量的下降不是偶然的,而是具体的、逐步的,其生产标准由 1/32 罗马磅逐渐降到 1/36、1/40、1/48、1/72、1/96 罗马磅。[①]

1 罗马磅折合现代的 327 克。所以,1/32 罗马磅的重量是 10.22 克,1/72 罗马磅的重量是 4.54 克。卡森讲的情形与实测各年度弗里斯币的重量变化趋势基本相符。

除了重量变化,君士坦丁执政时期,弗里斯铜币的含银量也下降了。戴克里先创建弗里斯铜币制度时,弗里斯铜币的含银成色是 2.78%,即 1 罗马磅含银 8 斯克鲁普尔(SCRUPLE)。1 罗马磅等于 12 盎司,1 盎司等于 24 斯克鲁普尔。所以,1 罗马磅等于 288 斯克鲁普尔,1 斯克鲁普尔的重量为 1.135 克。君士坦丁执政时期弗里斯铜币的含银量只有戴克里先执政时期弗里斯铜币含银量的一半。英国货币学家卡森说:

从公元 310 年开始,君士坦丁一世控制下的造币厂生产的镀银青铜弗里斯币的纯度维持在每罗马磅 4 斯克鲁普尔银。[②]

君士坦丁执政时期,弗里斯铜币的含银量为每罗马磅含银 4 斯克鲁普尔,含银成色是 1.39%。

君士坦丁执政时期战争频繁,需要采用大规模虚币敛财的措

---

①② [英]R.A.G.卡森:《罗马帝国货币史》,田圆译,法律出版社 2018 年版,第 504 页。

施掠夺人民，由此得来的财富用来支付战争费用。

索利多币

公元306年，君士坦丁继位后，不再制造奥里斯金币，而是制造索利多金币，奥里斯金币只作为纪念币有过少量的生产。索利多金币的法定重量为1/72罗马磅，即4.54克。

索利多（SOLIDUS）意思是"厚重"。实际上，索利多金币并不厚重。戴克里先统治时期，奥里斯金币的重量是1/60罗马磅。君士坦丁对金币实行改制，将金币的法定重量调整为1/72罗马磅，改称"索利多"。这个货币改制，执行的依旧是一种钱币减重的措施。

公元325年，君士坦丁的长子克里斯普斯势力被削弱。君士坦丁立他的儿子君士坦丁二世与克里斯普斯并列为恺撒，并为君士坦丁二世打制索利多金币。

币14：君士坦丁二世1索利多金币，公元325年克孜柯斯造币厂生产，重量为4.47克，正面图案是君士坦丁二世戴月桂冠朝右佩甲胸像，周围币文为"CONSTANTINVS · IVN NOB C"（君士坦丁·年轻高贵的恺撒）；背面图案是君士坦丁二世正面站像，一手持鹰首军旗，一手持杖，右侧竖另一军旗，周围币文为"PRINCIPI IVVENTVTIS"（年轻的王子），线下币文为"SM · K"（圣币·克孜柯斯）。K表示克孜柯斯，是造币厂地点。

币14

公元 326 年，君士坦丁处死了长子克里斯普斯和妻子福斯塔，之后将他与福斯塔生的三个儿子和两个侄子都并列为"恺撒"。这三个儿子分别是君士坦丁二世、君士坦提乌斯二世和君士坦斯一世。公元 337 年，君士坦丁去世，三个儿子瓜分了帝国，两个侄子被君士坦提乌斯二世杀害。

公元 340 年，君士坦丁二世入侵君士坦斯一世统治的意大利，兵败被杀，尸体被君士坦斯士兵抛入河中。公元 350 年，君士坦斯一世被自己的部下马格嫩提乌斯杀害。此后，君士坦提乌斯二世击败马格嫩提乌斯，成为罗马帝国唯一的最高统治者。

十二

君士坦丁发行的
西力克银币

君士坦丁发行西力克银币，原因是需要钱，要用钱来修筑新首都。

公元 323 年，君士坦丁打败了他的妹夫——东部帝国奥古斯都李锡尼，并将其处死，终于结束了戴克里先"四帝共治"的军阀混战局面，成为罗马唯一的统治者。于是，君士坦丁决定在古城拜占庭旧址上建立一座新城，作为罗马帝国的新首都。这个新首都的名字依旧叫作罗马城，世人为纪念它的创建者而称其为君士坦丁堡，目前的名字是伊斯坦布尔。

修建新罗马

🐉 兴建都城

为了把新都城建设得像埃及的亚历山大里亚一样辉煌，君士坦丁大兴土木，从全国很多城市搜刮了大量的珍贵物品来装饰他的王宫。在他的命令下，希腊和亚洲许多城市的珍宝被洗劫一空。君士坦丁要竭尽全国的财富、劳力和智慧来建筑他的新首都，仅是修建城墙、门廊和护城河，就花费了大约 250 万磅白银。历经6 年（公元 324~330 年）君士坦丁堡初见规模。皇宫坐落在 7 座小山丘上，俯视着欧亚两大洲的海岸。博斯普鲁斯海峡和赫勒海峡成为君士坦丁堡的两道大门，可以在敌军来犯时实施封闭。都城依靠它所圈入的广阔土地进行各种生产，满足都城人民的生活物资需求。在和平年代，这两条通道可以接纳来自南方和北方、黑海和地中海的各类物资。在战争时代，君士坦丁堡易守难攻，是应对蛮族入侵的坚固城堡。这就是当西罗马帝国灭亡后，东罗马帝国又维持了近千年的一个重要原因。

但是，建造这样宏伟的工程是需要用钱的。君士坦丁为了从民间搜刮财富，加强了对人民的统治，他扩大税收，将越来越多的人束缚在以世袭为基础的劳作上。农民世代为农，工人世代为工。他颁布法令，规定隶农及其后代必须固定在土地上，逃跑的隶农要被戴上枷锁送回原主。他废除了罗马帝国初期哈德良元首关于禁止奴隶主杀害奴隶的法令。他颁布法令，允许奴隶主将奴隶打死，并可以严刑拷打煽动奴隶逃跑的人；准许贫穷的自由人出卖子女为奴。他用令人恐惧的严厉惩罚办法强行征招新兵，扩大兵源，依靠更多的军队来加强对人民的统治。

当然，搜刮民财最妙的办法还是改革币制，发行虚币。

🐉 发行虚币

为了大规模地从民间收敛钱财，君士坦丁发行的虚币可以归纳为弗里斯铜币、索利多金币和西力克银币三种。

第一，君士坦丁继续发行戴克里先创建的弗里斯（FOLLIS）铜币，并使其金属含量逐年下降，以此大规模地掠夺人民。公元307~325年，君士坦丁发行的弗里斯铜币的重量，从10克左右降至2克左右，将用铜量下降至初期的20%。

第二，君士坦丁不再制造奥里斯（AUREUS）金币，而是改为制造索利多（SOLIDUS）金币。他将1/60罗马磅重量的奥里斯金币改为1/72罗马磅重量的索利多金币，使其代表1/60罗马磅黄金行使货币职能。索利多金币的黄金用量比奥里斯金币减少了16.7%。

第三，君士坦丁开始发行西力克银币（SILIQUA）。西力克银币的生产标准与狄纳里银币（DENARIUS）一样，1罗马磅白银打制96枚西力克银币，每枚重量为3.41克。狄纳里银币最初价值等于1/25奥里斯金币，而西力克银币则代表1/24索利多金币行使货币职能。

币15：君士坦丁1西力克银币，公元347~348年在特里尔造币厂生产，正面图案是君士坦丁面朝右束珠饰头带、佩甲胸像，周围币文为"FL·JVL·CONSTANS·PF·AVG"（君士坦丁·虔诚和幸运的·奥古斯都）；背面图案是胜利女神一手持花环，一手持棕榈枝站像，周围币文为"VICTORIA·DDNNAVGG"（我

主奥古斯都们的胜利），线下币文为"TR"（特里尔），表示造币厂地点。

币 15

既然西力克银币的生产标准与狄纳里银币一样，为什么不称其为"狄纳里"，而称其为"西力克"？因为狄纳里是白银货币，而西力克则是代表黄金行使货币职能。

罗马帝国初期，白银替代铜金属成为主要货币，奥里斯金币的价值等于 25 枚狄纳里银币。到了君士坦丁时期，银币经历了减重和成色大幅度下降的过程，信用已经出现了严重的问题，金币在人们眼中成为更可靠的货币。西力克是重量单位，等于 1/24 索利多金币的重量。所以，君士坦丁采用西力克银币来代表 1/24 索利多金币的价值。

根据塞维利亚主教伊西多尔（公元 560~636 年）的记录，罗马帝国时期的重量单位如下：

1 罗马磅（POUND）=12 盎司（OUNCES）=96 德拉克马（DRACHM）

1 德拉克马 =3 斯克鲁普尔（SCRUPLE）=6 奥波（OBOL）=18 西力克（SILIQUAE）

1 罗马磅的重量为 327 克，1 西力克的重量为：327÷96÷18=0.189（克）。

西力克银币的理论重量是 1/96 罗马磅，即 3.41 克，代表 1 西力克重量（0.189 克）黄金的价值发挥货币职能。根据这个安排，钱币金银比价为：

3.41 克白银 ÷0.189 克黄金 =18

钱币金银比价为 1∶18,即 1 罗马磅黄金兑换 18 罗马磅白银。那么，1 枚索利多金币兑换多少枚西力克银币呢?

1/72×18 罗马磅白银 ÷1/96 罗马磅白银 =24

也就是说，1 枚索利多金币价值的白银量，可以打制 24 枚西力克银币。

狄纳里银币和西力克银币的重量都是 1/96 罗马磅。狄纳里银币曾经代表 1/40 罗马磅黄金制造的奥里斯金币的 1/25 的价值，即 327÷40÷25=0.327 克黄金的价值。到了君士坦丁统治时期，西力克银币代表 1/72 罗马磅黄金制造的索利多金币的 1/24 的价值，即 327÷72÷24=0.189 克黄金。

比较两种银币——狄纳里和西力克，同样数量的白银，代表黄金的数量出现了大幅度的减少：

（0.327-0.189）÷0.327×100%=42.2%

显然，在钱币金银比价中，白银钱币的价值被降低，制造银币已经无利可图。所以，拜占庭帝国前期、中期，制造的金币较多，银币日益萧条，形成了以金币为主、以铜币为辅的货币体系。

豆荚敛财

西力克是拉丁文，意思是"豆荚"。西力克作为虚币，类似于中国西汉初年的"榆荚钱"。

中国秦朝灭亡之后，楚汉战争造成财税匮乏，刘邦为了取得战争的胜利，放民铸钱，自己也大量铸造小钱，以补充军费，所以出现了榆荚钱。刘邦制造的榆荚钱名为"半两"，意思是重量12铢，实际重量不足2铢。刘邦在公元前205年开始铸榆荚钱，理由是"秦钱重难用"。

为秦钱重难用，更令民铸钱。[①]

秦朝是禁止百姓铸钱的。刘邦开放百姓铸钱，理由是"秦钱重难用"。既然秦钱重难用，那就不必铸造像秦钱一样重的半两钱，而且铸造小钱，百姓乐得从中渔利。于是，铜钱越铸越小，搞得小钱泛滥。这一时期，所铸小型半两钱被后人称为榆荚钱。榆荚钱体轻薄、制恶小，形同榆荚。

刘邦从制造榆荚钱中牟利，获得了军费来源，从敌占区购买物资，加强了自己的实力，搞乱了敌人的经济。更重要的是，刘邦拉着百姓一起铸造小钱，让大家一起发财，获得了人民的支持，最终获得了楚汉之争的胜利。

战争结束后，刘邦恢复了"盗铸钱令"，重申禁止百姓铸造铜钱的法令，但榆荚钱的泛滥没有从此终止，反而愈演愈烈。榆荚钱的流通，经历了刘邦、汉惠帝、吕后，直到汉文帝时期仍然没有得到解决。

荚钱益多，轻，乃更铸四铢钱，其文为半两，令民纵得自铸钱。[②]

① 司马迁：《史记》卷三〇《平准书》，中华书局1959年版，第1417页。
② 司马迁：《史记》卷三〇《平准书》，中华书局1959年版，第1419页。

公元前 175 年，汉文帝令百姓自由铸造铭文"半两"的铜钱，法定重量四铢，官督民铸，终于解决了榆荚钱泛滥的问题。

君士坦丁的时代晚于刘邦的时代，但是他所做的事情却与刘邦做的事情很相似。君士坦丁发行西力克（豆荚）银币，也是从中牟利，所得的利益用来建筑都城。

西力克银币的理论重量是 1/96 罗马磅，到了君士坦丁统治后期，流通最广的是四倍西力克银币，其生产标准为 1/24 罗马磅，即 13.625 克。

君士坦提乌斯二世统治末期（公元 355 年前后），西力克银币的重量下降到 1/144 罗马磅，即 2.27 克。

此后，罗马帝国的各代皇帝发行了许多种类的西力克银币。

十三

君士坦提乌斯
二世发行的
合金铜币

君士坦丁的天下是由他的儿子君士坦提乌斯二世继承的。公元 337 年，君士坦丁去世，三个儿子瓜分了帝国。经过十几年的国内战争，公元 350 年，兄弟们相继死于战争，君士坦提乌斯二世成为君士坦丁家族唯一的继承人，终于继承了他父亲的天下，成为罗马帝国全境的统治者。君士坦提乌斯二世发行的主要货币，是一些合金铜币，被后世称为 AE1 铜币、AE2 铜币、AE3 铜币和 AE4 铜币。

🐉 子承父业

中国唐朝的玄武门之变，秦王李世民杀了他的哥哥太子李建成和弟弟齐王李元吉，通过政变得到父亲唐高祖李渊的政权。罗马帝国的君士坦提乌斯二世，取得他父亲君士坦丁的政权，与中国的李世民有点儿相像，但也不完全相同。君士坦提乌斯二世与他的兄弟瓜分天下，通过长期的国内战争，直到他的兄弟被一一杀害后，才成为罗马帝国唯一的统治者。

君士坦提乌斯二世的祖父君士坦提乌斯是戴克里先的并肩王——马克西米安的养子兼女婿。公元305年，戴克里先和马克西米安双双退位，君士坦提乌斯成为罗马帝国西部的奥古斯都。第二年，君士坦提乌斯去世，罗马帝国西部的政权便落在君士坦丁手中。

君士坦丁与他的妻子密涅尔维娜生有一个儿子克里斯普斯。但是，君士坦丁成为罗马帝国西部的皇帝后，便与密涅尔维娜离婚了，娶了他的姨妈马克西米安的女儿福斯塔为妻，又生了三个儿子：君士坦丁二世、君士坦提乌斯二世和君士坦斯。

公元326年，君士坦丁处死了克里斯普斯和福斯塔，立福斯塔的三个儿子为恺撒。同时，君士坦丁又立他的两个侄子为恺撒，从而形成了"五虎争霸"的局面。

君士坦丁二世掌管西班牙、高卢和不列颠；君士坦提乌斯二世掌管亚洲行省和埃及；君士坦斯掌管意大利和伊利里亚；君士坦丁掌管巴尔干半岛和黑海地区。公元337年，君士坦丁去世，三个儿子瓜分了帝国，并处决了君士坦丁那两个成为恺撒的侄子。

公元340年，君士坦丁二世在越过阿尔卑斯山脉进军意大利攻打他的弟弟君士坦斯途中误中埋伏被杀。公元350年，马格嫩提乌斯将军叛乱，自称为帝。君士坦斯前往讨伐时，在比利牛斯山下被杀害。这时，君士坦提乌斯二世成为君士坦丁家族唯一的继承人，继承了他父亲君士坦丁的天下。

🌀 合金铜币

公元348年，君士坦提乌斯二世和君士坦斯分治罗马的时候，出现了一种新型的合金铜币。这种钱币的出现，是为了庆祝罗马建城1100周年。现在的人们不知道这些钱币的名称，只好通过尺寸来分类，分别按照AE1、AE2、AE3和AE4来表示。古罗马的币材主要有三种：铜（aes，AE）、银（argentum，AR）、金（aurum，AU）。罗马帝国奥里斯金币（aureus）的名称，源自拉丁文"aurum"（金），戴克里先创建阿根图银币（agentueus）的名称，源自拉丁文"argentum"（银）。君士坦提乌斯二世制造的合金铜币，后人不知其名，只好采用铜（AE）编号来命名。

公元348~354年，有三种可辨别的这类钱币被发行。①个头儿最大的被称为大AE2铜币，打制标准为1/60罗马磅，理论重量为5.45克，平均重量为5.26克，银含量在2.53%左右；②个头儿稍小的被称为小AE2铜币，打制标准为1/72罗马磅，理论重量为4.54克，平均重量为4.25克，银含量在1.11%左右；③个头儿最小的被称为AE3铜币，打制标准为1/120罗马磅，理论重量为 2.73 克，平均重量为 2.42 克，银含量在 0.25% 左右。大 AE2 铜币、小 AE2 铜币和 AE3 铜币，背面币文都是"FEL TEMP REPARATIO"（重现幸福时光）。

币 16：君士坦提乌斯二世大 AE2 币，公元 348~350 年在特里尔造币厂生产，重量为 5.11 克，正面图案是君士坦提乌斯二世束珠饰头带、佩甲胸像，周围币文为"DN · CONSTANTIVS · PF · AVG"（我主·君士坦提乌斯·虔敬和幸运的·奥古斯都）；背面图案是君士坦提乌斯二世站立在战船上，一只手持凤凰，另一只手持有"基督符"旗首的军旗，胜利女神维多利亚在后方掌舵，周围币文为"FEL TEMP REPARATIO"（重现幸福时光），线下币文为"TR · P"（特里尔·第一作坊）。

币 16

与此同时，君士坦斯也在制造合金铜币。

币 17：君士坦斯 AE3 铜币，公元 348~350 年在锡斯基亚造币厂生产，重量为 2.33 克，正面图案是君士坦斯束珠饰头带、佩甲胸像，周围币文为"DN · CONSTANS · PF · AVG"

币 17

（我主·君士坦斯·虔敬和幸运的·奥古斯都）；背面图案是凤凰站在台阶上，口衔花环，周围币文为"FEL TEMP REPARATIO"（重现幸福时光），线下币文为"B · SIS"（第二作坊·锡斯基亚）。

虚币大钱

君士坦丁的生母是海伦娜，继母是狄奥多拉——戴克里先并肩王马克西米安的继女。狄奥多拉给君士坦丁生了三个同父异母的弟弟，这三个弟弟的儿子——达尔马提乌斯、汉尼巴里安努斯和尤利安二世都做过恺撒。

比照父王君士坦提乌斯，君士坦丁也与妻子离婚，娶姨妈——马克西米安的女儿福斯塔为妻，生下了君士坦丁二世、君士坦提乌斯二世和君士坦斯。结果，君士坦丁死后，王位争夺战就发生在这两姐妹的后代——狄奥多拉的三个孙子和福斯塔的三个儿子之间。

公元 335 年，君士坦丁立他的两个侄子——达尔马提乌斯和汉尼巴里安努斯为恺撒。公元前 337 年，君士坦丁去世，君士坦提乌斯二世联合自己的亲兄弟处死了堂兄弟达尔马提乌斯和汉尼巴里安努斯。

公元 355 年，君士坦提乌斯二世立狄奥多拉的第三个孙子尤利安二世为恺撒，并发行 AE4 铜币。AE4 铜币个头儿最小，打制标准为 1/200 罗马磅，理论重量为 1.64 克，平均重量为 1.49 克，背面币文为"SPES REIPVBLICE"（共和国的希望）。

尤利安二世率领军队在前线进展顺利，军队拥立他为皇帝。公元 361 年，君士坦提乌斯二世死于带领军队前去讨伐尤利安二世的途中。尤利安二世便成为罗马帝国唯一的统治者。

此时，铜币轻小，所以尤利安二世发行了 AE1 大铜币。这种铜币的制造标准为 1/36 罗马磅，理论重量为 9.08 克，平均重量为9.00克。在轻小铜币泛滥时,制造这种大钱,显然是一种虚币,1枚大钱可以兑换多枚其他种类的轻小铜币。

尤利安二世学问渊博、才智过人、崇尚简朴,被认为是罗马帝国最好的皇帝。伯父君士坦丁皈依基督教,所有的亲人都在相互迫害中被残杀,尤利安二世将这事情归罪于基督教,所以成为一名叛教者。他甚至撰写了一本专著——《加利利人的诡计》用来抨击基督教。公元363年,他当了一年多的皇帝后,被人用长矛刺死了。

此后,各类铜币都出现了不同程度的减重,AE4铜币的平均重量从最初的1.49克下降至1.15克。AE1铜币、AE2铜币、AE3铜币逐步退出流通,只有AE4铜币一直流通到公元476年西罗马帝国灭亡,甚至在东罗马帝国时期仍在继续流通,只是平均重量下降到1.13克。

十四

拜占庭帝国的
小额金币

公元 4 世纪初期，君士坦丁在古希腊拜占庭城邦的城址上建立了都城——新罗马，开启了拜占庭帝国的历史。同时，君士坦丁还结束了奥里斯金币在古罗马长期流通的局面，创建了拜占庭帝国的主要钱币制度——索利多金币制度。索利多金币经历了漫长的拜占庭帝国时期，直到公元 10 世纪的 600 多年里，在重量、直径和纯度等方面都基本保持不变，是整个地中海周边地区最具信誉的国际货币。但是，黄金贵重，找零困难。所以，拜占庭帝国制造了 1/2、1/3 索利多小额金币，用于日常生活中的商品交易支付。

拜占庭帝国

罗马帝国的转变，发生在戴克里先统治时期。

公元 284 年，戴克里先成为罗马帝国的元首。戴克里先继位后，立即实行改革，将元首政治改为君主政治，实行"四帝共治"。十几年后，由于"四帝"的继承人陆续发生问题，军人首领争夺帝位继承权，使罗马陷入了长期的军阀割据战争。

公元 324 年，西部皇帝君士坦丁打败东部皇帝李锡尼，结束了罗马的军阀割据战争。从此，君士坦丁成为罗马唯一的君主。君士坦丁选择在古希腊拜占庭城邦的城址上建筑都城，称为"新罗马"，后来被人们称为"君士坦丁堡"，现在的名字是"伊斯坦布尔"。

公元 395 年，罗马帝国分裂为东、西两个部分。公元 476 年，西罗马帝国灭亡。此后，东罗马帝国又继续存在了近千年之久。东罗马帝国存在期间，一般被简称为"罗马帝国"（拉丁语：Imperium Romanum；希腊语：Βασιλεία τῶν Ῥωμαίων）。到了17 世纪，西欧的历史学家为了区分古代罗马帝国和中世纪罗马帝国，便引入了"拜占庭帝国"（希腊语：Βυζάντιον Αὐτοκρατορία，英语：The Byzantine Empire）这个名称。

拜占庭帝国（公元 395~1453 年）是欧洲历史上最悠久的君主制国家，其核心地区位于欧洲东南部的巴尔干半岛，领土曾包括亚洲西部和非洲北部，极盛时期包括意大利、叙利亚、巴勒斯坦、埃及、高加索、西班牙南部沿海和北非的地中海沿岸。

拜占庭帝国共历 12 个朝代，93 位皇帝，首都一直在新罗马（拉丁语：Nova Roma，君士坦丁堡，Constantinople）。公元 1204 年，君士坦丁堡被第四次十字军东征攻陷。公元 1261 年，拜占庭人收复了君士坦丁堡。公元 1453 年，奥斯曼帝国苏丹穆罕默德二世率军攻入君士坦丁堡，拜占庭帝国灭亡。

拜占庭帝国始于公元 396 年罗马帝国分裂，但其源于公元 330 年君士坦丁建筑新罗马都城的完工。君士坦丁不仅创建了拜占庭帝国，而且还制造了拜占庭帝国的主要钱币——索利多金币。

索利多金币

公元 306 年，君士坦丁成为罗马西部的皇帝。君士坦丁继位后，不再铸行传统的奥里斯金币，而是制造了新型的钱币——索利多金币。在罗马流通近 500 年的奥里斯金币从此消亡，索利多金币从此开始流通。

戴克里先统治前夕，奥里斯金币的法定重量是 1/60 罗马磅，但其实际重量已经下降至 1/72 罗马磅。君士坦丁对金币实行改制，将金币的法定重量调整为 1/72 罗马磅，即 4.54 克，将金币的名称从"奥里斯"改为"索利多"。

戴克里先实行货币改制前，古罗马的货币体系主要由奥里斯金币、狄纳里银币和阿斯铜币构成。戴克里先制造弗里斯铜币（FOLLIS）取代了阿斯铜币，制造阿根图银币（ARGENTEUS）取代了狄纳里银币；君士坦丁制造索利多金币取代了奥里斯金币。

君士坦丁创建索利多金币制度之后，拜占庭帝国各代皇帝继续制造索利多金币。

币18 索利多金币

币18：查士丁尼一世索利多金币，公元527~565年生产，重量为4.45克，正面图案是查士丁尼一世头戴盔甲肖像，手持十字宝球和盾牌，周围币文为"DN·IVSTINIANVS·PP·AVG"（我们的主·查士丁尼·祖国之父·奥古斯都）；背面图案是男性天使像，手持十字宝球和长十字架，右侧有芒星，币文为"VICTORIA·AVGGG"（胜利的奥古斯都们），下方有标记CONOB（君士坦丁堡足金）。

君士坦丁实行货币改制之后，索利多金币被广泛用于流通、储备、税收、纳贡、官员的工资和国际贸易。直到公元10世纪，索利多金币在这600多年里，其重量、直径和纯度基本保持不变，是整个地中海周边地区最具信誉的国际货币。

小额的金币

索利多金币制度下，小额的金币有1/2索利多价值的塞米斯金币（SEMISSIS）和1/3索利多价值的特里米斯金币（TREMISSIS）。

塞米斯金币的理论重量为1/144罗马磅，即2.27克。"SEMI"的意思是"半个"，在这里指半个索利多金币，2枚塞米斯金币兑换1枚索利多金币。

币19：阿纳斯塔修斯一世塞米斯金币，公元491~518年生产，重量为 2.25 克，正面图案是阿纳斯塔修斯一世面朝右肖像，周围币文为 "DN · ANASTASIVS · PP · AVG"（我们的主·阿纳斯塔修斯·祖国之父·奥古斯都）；背面图案是胜利女神面朝右坐像，膝盖上方有标记 "XXXX"（40），左侧有芒星，右侧是字母 "P"，周围币文为 "VICTORIA · AVGGG"（胜利的奥古斯都们），下方有标记 "CONOB"（君士坦丁堡足金）。

币 19　塞米斯金币

公元 7 世纪之前，与索利多金币相比，作为辅币的塞米斯金币在拜占庭帝国虽然被持续打制，但相对并不重要。每一届统治者在位时期，通常只打制一种类型的塞米斯金币，其正面铭文照搬索利多金币的铭文。然而历届统治者打制了多种索利多金币，不断地改变索利多金币的样式。

公元 8 世纪，塞米斯金币在东部地区不再是日常使用的钱币。利奥三世（公元 717~741 年）统治结束后，塞米斯金币在大部分地区停止生产，只是作为纪念币偶尔被打制。塞米斯金币最终的结束，发生在西部比较守旧的省份，由于西部地区的白银匮乏，塞米斯金币的生产一直持续到公元 878 年西西里岛造币厂关闭。

特里米斯金币的理论重量为 1/216 罗马磅，即 1.51 克。"TREMI" 的意思是 "1/3"，在这里指 1/3 索利多金币，即 3 枚特里米斯金币兑换 1 枚索利多金币。

作为索利多金币分量钱币的特里米斯金币最早由罗马皇帝狄奥多西一世（公元 379~395 年）于公元 380 年创建，并在公元

5~7 世纪与塞米斯金币一样广泛流通。公元 6 世纪，特里米斯金币只使用过两种背面图案：一是胜利女神手持花环和十字宝球，向右侧走，且看向后方；二是平头十字架。由于塞米斯金币和特里米斯金币的正面图案常常相同，所以特里米斯金币偶尔会直接使用塞米斯金币的正面印模。由于特里米斯金币的直径小于塞米斯金币的直径，特里米斯金币上的图案，有时会将部分币文印到币坯之外。

特里米斯金币的打制一直持续到利奥三世统治时期。此后，特里米斯金币作为纪念币偶尔在东部地区打制。在巴西尔一世统治（公元 867~886 年）后，它就消失了。不过，与塞米斯金币一样，在西部比较守旧的省份，由于当地的白银匮乏，特里米斯金币的生产一直持续到公元 878 年西西里岛造币厂关闭。

公元 10 世纪，在尼基弗鲁斯二世统治时期（公元 963~969 年），索利多金币被分拆成两种面值的金币：希斯塔麦伦和特塔特伦。此后，这两种金币不断贬值。公元 1092 年，阿力克塞一世（公元 1081~1118 年）创建了海伯龙金币制度，结束了索利多金币制度。

十五

拜占庭帝国
金币制度的演变

拜占庭帝国（公元 395~1453 年）前期的主要货币是索利多金币。公元 10 世纪以后，拜占庭帝国金币制度发生变化，主要货币从索利多金币转为特塔特伦和希斯塔麦伦两种不同重量的金币。公元 1092 年，由于金币成色下降，拜占庭帝国的主要货币又从特塔特伦和希斯塔麦伦两种金币制度转为海伯龙金币制度。至此，索利多金币制度彻底结束，新的金币制度宣告开始。

🐉 尼基弗鲁斯

拜占庭帝国发展的鼎盛阶段在马其顿王朝统治时期（公元867~1056年）。这个时期共有17位皇帝，被称为拜占庭帝国的黄金时代。

马其顿王朝的奠基人是巴西尔一世（公元867~886年）。巴西尔一世是马其顿地区农民的儿子，绰号为"马其顿人"，行伍出身，追随皇帝米海尔三世从事对外扩张战争。公元866年，米海尔三世任命巴西尔一世为共治皇帝。第二年，巴西尔一世暗杀了米海尔三世，成为唯一的皇帝，建立了马其顿王朝。

巴西尔一世去世后，儿子利奥六世、孙子君士坦丁七世、曾孙罗曼努斯二世（公元959~963年）相继成为拜占庭帝国的皇帝。公元963年，罗曼努斯二世去世，尼基弗鲁斯二世（公元963~969年）凭借军事政变成为皇帝。为了使其政权合法化，尼基弗鲁斯二世娶了罗曼努斯二世的遗孀塞奥法诺为妻。

公元969年，塞奥法诺与她的情人——尼基弗鲁斯二世的侄子约翰一世谋害了尼基弗鲁斯二世，约翰一世成为皇帝。

尼基弗鲁斯二世在位只有6年，却使拜占庭帝国流行600多年的索利多金币制度发生了变化。从此，拜占庭帝国建立了特塔特伦和希斯塔麦伦两种金币并行的制度。

拜占庭帝国黄金时代国力强大、商业繁荣，货币需求强劲。

因此，为了制造更多的金币，长期保持稳定的索利多金币开始出现减重。于是，尼基弗鲁斯二世按照减重的索利多金币重量制造了特塔特伦金币，同时还按照足值的索利多金币的重量制造了希斯塔麦伦金币，让两种金币并行流通。

特塔特伦金币和希斯塔麦伦金币都是索利多金币的变种，代表减重的索利多金币和足值的索利多金币发挥货币职能。因此，这两种金币仍属于索利多金币系列。最初，这两种金币只是重量不同。后来，巴西尔二世在位时期（公元 976~1025 年），两种金币的形状开始向不同的方向变化，特塔特伦金币变得小而厚，希斯塔麦伦金币变得大而薄。

🌿 特塔特伦币

特塔特伦金币是一种减重的索利多金币。

公元 963 年，尼基弗鲁斯二世成为皇帝后，便开始按照减重的索利多金币的重量制造"特塔特伦"（TETARTERON）金币。在希腊语中，"TETAR"的意思是"1/4"。特塔特伦的意思就是减少 1/4 重量的金币。

"减少 1/4 重量"是个非常奇怪的表述。意思是说，特塔特伦金币的重量比索利多金币减少 1/4。但是，这个 1/4 并不是索利多金币重量的 1/4，而是特里米斯金币重量的 1/4。特里米斯金币的重量是 1/3 索利多金币的重量：1/216 罗马磅，即 1.51 克。1/4 特里米斯的重量便是 0.38 克。索利多金币的理论重量为 1/72 罗马磅，即 4.54 克，减少了 0.38 克，等于 4.16 克。所以，特塔特伦金币的理论重量为 4.16 克，实际重量少于理论重量，一般在 4 克左右。

公元963~1028年，拜占庭帝国打制的特塔特伦金币数量十分有限，它们起到的流通媒介作用不大。11世纪30年代，特塔特伦金币的发行被叫停。不久之后，在君士坦丁九世统治时期（公元1042~1055年），特塔特伦金币又重新开始发行。到了罗曼努斯四世统治时期（公元1068~1071年），特塔特伦金币的重量仍然保持在4克左右。

币20　特塔特伦金币

币20：罗曼努斯四世特塔特伦金币，公元1068~1071年生产，重量为4克，直径为18毫米，正面图案是圣母玛利亚抱圣婴胸像，周围币文为"+ΘK ∈ · ROHΘ"（圣母佑助）；背面图案是罗曼努斯四世和妻子欧多西娅肖像，两人中间是十字宝球，周围币文为"+RWMAN · S · ∈ VΔK"（罗曼努斯和欧多西娅）。

希斯塔麦伦币

希斯塔麦伦金币是足重的索利多金币。

尼基弗鲁斯二世不仅制造了减重的索利多金币，称为特塔特伦，还制造了足重的索利多金币，称为"希斯塔麦伦"（HISTAMENON）。在希腊语中，"HISTA"的意思是"足重"，希斯塔麦伦的意思就是足重的金币。

最初，希斯塔麦伦金币的外观和重量与足重的索利多金币并无异处，都是1/72罗马磅，即4.54克，实际重量为4.4克左右。

币21：巴西尔二世希斯塔麦伦金币，公元976~1025年生产，重量为4.4克，直径为22毫米，正面图案是基督肖像，背面图案是巴西尔二世和君士坦丁八世肖像，周围币文为"+bASIL·C·CONSTANT·b·R"（巴西尔和君士坦丁·罗马国王）。

币21　希斯塔麦伦金币

君士坦丁九世统治时期（公元1042~1055年），希斯塔麦伦金币逐渐从平面币过渡到凹面币，后世称之为"碟形币"（SCYPHATE）。在诸多资料中，"SCYPHATE"一词被解释为源自希腊词"SKYPHOS"，意思是"杯"。

杜卡王朝时期（公元1059~1081年），拜占庭帝国走向衰败，小农经济逐步破产，大贵族势力兴起，中央集权政治遭到破坏，货币经济开始走下坡路。科穆宁王朝（公元1081~1185年）初期，希斯塔麦伦金币变成了金银合金币，黄金纯度降至8K，即黄金含量只剩下了1/3。

金币成色的下降，使人们对金币丧失了信心，不再愿意接受金币作为货币使用。公元1092年，阿历克塞一世开始发行一种黄金纯度较高的金币，称为"海伯龙"（HYPERPYRON），意思是"高纯度的"。海伯龙金币面呈凹形，理论重量为4.54克，黄金纯度为20.5K。

币22：阿历克塞一世海伯龙金币，公元1081~1118年生产，重4.12克，正面图案是基督坐像，周围币文为"+K∈·ROHO∈1"（圣母）；背面图案是阿历克塞一世正面站像，手持权杖和十字宝

球，左侧币文为"AΛ∈SIω·Δ∈CΠOζ"（阿历克塞·专制君主），
右侧币文为"Tω·KOMNHчω"（统帅）。

币22　海伯龙金币

公元 1204 年，教皇英诺
森三世策划的第四次十字军东
征的军队攻陷了君士坦丁堡。
十字军在已瓦解的拜占庭帝国
的部分领土上建立起了几个国
家。此后，流亡中的拜占庭人
建立了诸多小政权，其中仅尼西亚王国发行过海伯龙金币。

公元 1261 年，米海尔八世（公元 1259~1282 年）夺回了君
士坦丁堡，重新启用了减重的海伯龙金币。公元 1270 年，海伯
龙金币的纯度为 16~16¾K。此后，在两位继任者的统治时期，
海伯龙金币的质量每况愈下，不断贬值，最终停止了打制，被银
币所取代。

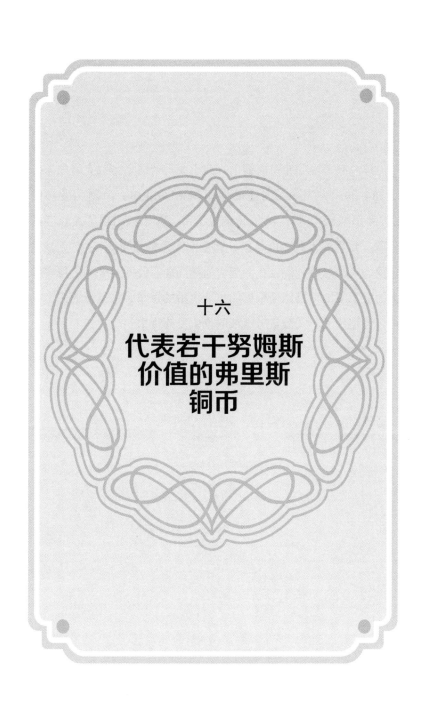

十六

代表若干努姆斯
价值的弗里斯
铜币

拜占庭帝国的弗里斯铜币，源于罗马帝国皇帝戴克里先（公元284~305年在位）创建的弗里斯（FOLLIS）币制。最初的1枚弗里斯铜币等于10枚狄纳里银币，并迅速出现了大幅度的减重。此后的大约200年里，弗里斯铜币的重量为1~12克，呈轻重、大小悬殊，混合在一起流通的局面。公元498年，拜占庭帝国皇帝阿纳斯塔修斯根据弗里斯铜币的重量，将其分成四个品种，分别代表不同数量努姆斯的价值发挥货币职能。

🐉 弗里斯币

罗马帝国晚期，戴克里先成为皇帝，流通了500多年的狄纳里银币的白银成色已经下降至3.6%，基本上属于青铜制造的货币，百姓对狄纳里银币彻底丧失了信心。既然青铜可以用来制造银币，罗马人便不再使用青铜制造阿斯铜币，古罗马流通了近600年的阿斯铜币逐渐消失。

公元294年，戴克里先实行货币改制，创建了白银成色90%的"阿根图"银币制度，与狄纳里旧币并行流通，1枚阿根图银币兑换100枚狄纳里旧币。

此外，戴克里先还采用当时狄纳里银币的金属成分，开始制造弗里斯币，创建了弗里斯币制。起初，人们并不把弗里斯当作铜币看待，弗里斯也不是接替阿斯铜币发挥货币职能，而是针对狄纳里银币进行的规范。当时的弗里斯，应该称为"努姆斯"（标准狄纳里），法定重量为1/32罗马磅，即10.22克，是狄纳里3倍的重量，金属成分与狄纳里相同，1枚弗里斯铜币兑换10枚狄纳里银币。

弗里斯这个名称只是一个绰号，是后来人们对这种货币的称谓。弗里斯是镀银的铜币。弗里斯在拉丁语中的意思是"袋子"，在古代用来指装有特定数量铸币的密封袋。弗里斯表面覆盖着一层薄薄的银，像个袋子一样裹在铜币上，所以被人们称为弗里斯。

拉丁语"FOLLIS"对应的古希腊语"φολίς"的意思，便是一层薄薄的金属。后来人们逐步将这种货币称为弗里斯铜币。

自公元294年戴克里先创建弗里斯币制至公元395年罗马被分为东、西罗马帝国的100年里，罗马生产的弗里斯铜币的轻重、大小不一，其重量在1~12克波动，且各个时期有重量差距悬殊的弗里斯铜币被同时制造出来，混合在一起并行流通。这使我们不得不怀疑，在这段时间里，弗里斯铜币与中国春秋战国时期楚国的巽字铜贝、战国时期秦国的半两钱一样，存在着虚币与实币并行流通的制度。也就是说，2克左右的弗里斯虚币，可能与10克左右的弗里斯实币混合在一起，按照同等价值进入流通。另一种解释是：最初的1枚弗里斯代表10枚狄纳里的价值，此后大大小小的弗里斯代表不同数量狄纳里的价值，而弗里斯代表的狄纳里则被人们视为标准狄纳里——努姆斯。

努姆斯制

拜占庭帝国的努姆斯是货币制度中最小的单位，类似于古代中国的货币单位"文"。在古代中国，1枚钱币可以是若干"文"；在拜占庭帝国，1枚弗里斯可以是若干"努姆斯"。

努姆斯这个词是努米（NUMMI）的复数形式，原本是意大利半岛上的外来民族——埃特鲁里亚人最早打制的银币。

公元前5世纪，据说来自小亚细亚半岛的埃特鲁里亚人，在意大利半岛上开始打制努米银币。努米银币的重量标准与公元前6世纪小亚细亚半岛上的吕底亚王国的斯塔特银币一样，大约为11克。努米银币的复数形式是努姆斯。罗马共和国时期，罗马人使用努姆斯来表达"标准货币"的意思。例如,将标准银币"狄纳里"称为"NUMMUS DENARRIUS"（标准狄纳里）。

戴克里先创建的弗里斯币制,应该就是标准狄纳里,或者被称为努姆斯,其金属成色与当时的狄纳里一致,属于镀银的铜币。弗里斯铜币在戴克里先创建之后迅速减重,最初重量为 10.22 克,十几年后就出现了不足 3 克的实例。

拜占庭帝国时期,公元 498 年,利奥王朝的最后一任皇帝阿纳斯塔修斯实行了货币改制。阿纳斯塔修斯结束了轻重不同的弗里斯铜币混合等价流通的局面,采用希腊字母记数法,为轻重不同的弗里斯铜币刻印了明确的面额,从而在轻重不同的弗里斯铜币之间建立了法定比价。阿纳斯塔修斯统治时期的弗里斯铜币主要有四种类型:① 1 弗里斯铜币,背面刻印字母 M,表示价值40 努姆斯;② 1/2 弗里斯铜币,背面刻印字母 K,表示价值20 努姆斯;③ 1/4 弗里斯铜币,背面刻印字母 I,表示价值 10 努姆斯;④ 1/8 弗里斯铜币,背面刻印字母 ∈,表示价值 5 努姆斯。

币 23:阿纳斯塔修斯 1 弗里斯铜币,公元 498~518 年生产,重量为 17.18 克,正面图案是阿纳斯塔修斯肖像,周围币文为"DN · ANASTASIVS · PP · AVG"（我主·阿纳斯塔

币 23　阿纳斯塔修斯 1 弗里斯铜币

修斯·祖国之父·奥古斯都）;背面的图案是价值标记 M,意思是价值 40 努姆斯,标记上方、左方和右方皆有一个十字架,下方有造币厂标记: ANTX。

此后的弗里斯铜币依然有明显的减重趋势。

希拉克略王朝初年至马其顿王朝巴西尔二世继位初年（公元610~976年），1弗里斯铜币的平均重量减少至6克左右。巴西尔二世继位初年至阿历克塞一世实行货币改制时期（公元976~1092年），1弗里斯铜币的平均重量减少至3克左右。

记账货币

1弗里斯铜币的价值是40努姆斯。当1弗里斯铜币的重量减至3克甚至1克时，努姆斯就成为一个非常微小的体量。

阿纳斯塔修斯实行货币改制，弗里斯铜币被刻印了价值符号，即1枚弗里斯铜币价值40努姆斯，1/2弗里斯铜币价值20努姆斯，以此类推。随着弗里斯铜币的重量逐步减小，努姆斯作为价值单位所代表的铜金属越来越少，以致成为无法打制的记账货币。

在拜占庭帝国的货币体系中，银币较为萧条，铜币大小不一，只有索利多金币长期稳定，是货币体系中的核心货币。在这个货币体系中，努姆斯是最小的货币单位。

1枚索利多金币兑换18枚米拉伦斯银币，1枚米拉伦斯银币兑换10枚弗里斯铜币，1枚弗里斯铜币兑换40努姆斯。所以，1枚索利多金币的价值是：

$$18 \times 10 \times 40 = 7200（努姆斯）$$

此后，1弗里斯铜币的重量持续减小，而索利多金币的重量长期保持不变，拜占庭帝国货币体系中各种货币之间的比价就发生了变化。从1枚米拉伦斯银币兑换10枚弗里斯铜币，转变为1枚米拉伦斯银币兑换16枚弗里斯铜币。于是，1枚索利多金币就从法定兑换 180 枚弗里斯铜币，价值 7200 努姆斯，转变为法定兑换 288 枚弗里斯铜币，价值 11520 努姆斯。

此时，如果弗里斯铜币的理论重量已经降至 3 克，努姆斯代表的铜金属就只有：3 克 × 1/40=0.075 克。

显然，人们无法将铜金属分割成重 0.075 克的钱币。所以，此时的努姆斯只是个记账货币，不能成为实体货币。于是，努姆斯以弗里斯铜币为载体，在拜占庭帝国的货币体系中，作为最小的货币单位发挥货币职能。

十七

拜占庭帝国的
米拉瑞逊银币

在君士坦丁建立的货币制度中，相对于银币而言，高估了金币的价值，制造银币便成为一件亏损的事情。由于罗马不再愿意制造银币，银币流通逐渐萧条，拜占庭帝国的索利多金币便取代了罗马帝国时期银币的核心货币地位。经历了数百年的发展演化，拜占庭帝国皇帝利奥三世（公元717~741年在位）在制造米拉瑞逊银币时，提高了银币对金币的比价，使制造银币重新成为获利的手段，银币便恢复了持续流通的状态。

米拉伦斯币

君士坦丁创建的米拉伦斯银币制度是比照西力克银币、在金银比价 1∶18 的基础上建立的。

罗马帝国前半叶，狄纳里银币成色出现了大幅度的下降。公元 294 年，戴克里先实行货币改制，创建了"阿根图"（ARGENTEUS）银币制度。

公元 306 年，君士坦丁成为罗马帝国西部的奥古斯都，开始制造自己的货币。君士坦丁最早制造的货币是延续戴克里先创建的弗里斯（FOLLIS）铜币，并使其迅速减重，然后创建了索利多金币制度。1 枚索利多金币的法定重量为 1/72 罗马磅，即4.54 克。

公元 323 年，君士坦丁打败了所有的政敌，成为罗马唯一的统治者，开始在古城拜占庭旧址上修建"新罗马"。这是一件很费钱的事情，金币不敷使用，而银币又因为成色问题而不被人们所信任。所以，君士坦丁开始发行代表金币价值的西力克（SILIQUE）银币。

西力克银币的理论重量是 1/96 罗马磅，即 3.41 克，代表1 西力克重量黄金的价值发挥货币职能。西力克作为重量单位，等于 1/1728 罗马磅，即 0.189 克。根据这个安排，钱币金银比价为：

3.41 克白银 ÷0.189 克黄金 =18

钱币金银比价为 1∶18，即 1 罗马磅黄金兑换 18 罗马磅白银。那么，1 枚索利多金币兑换多少枚西力克银币？

1/72 × 18 罗马磅白银 ÷ 1/96 罗马磅白银 =24

也就是说，1 枚索利多金币价值的白银量，可以打制 24 枚西力克银币。

公元 325 年，君士坦丁又生产了一种高纯度的新银币：米拉伦斯银币（MILIARENS），生产标准为 1/72 罗马磅，即 4.54 克。这个重量标准与索利多金币的重量标准是一样的，法定 1 枚索利多金币兑换 18 枚米拉伦斯银币，钱币金银比价仍然为 1∶18。

币 24：君士坦丁二世 1 米拉伦斯银币，公元 337 年于君士坦丁堡造币厂生产，重量为 3.95 克，正面图案是君士坦丁二世面朝右束头带头像；背面图案是四杆军旗

币 24　君士坦丁二世 1 米拉伦斯银币

并列，周围币文为 "CONSTANTINVS·CAESAR"（君士坦丁·恺撒），线下币文为 "C·L"（君士坦丁堡第十作坊）。

这是君士坦丁二世在其父亲君士坦丁去世这一年发行的传位币。米拉伦斯银币的重量已经比初期有所下降，从 4.54 克下降到了 3.95 克。

在西力克银币和米拉伦斯银币出现之前，古罗马的钱币金银比价经常表现为 1∶13.3。君士坦丁货币改制确定的钱币金银比价为 1∶18，显然高估了黄金的价值。也就是说，在金币与银币的法定兑换率上，君士坦丁规定使用较多的白银兑换较少的黄金。

在这种制度下，制造银币的利益明显低于制造金币的利益。所以，罗马不再愿意制造银币，银币便逐渐退出了流通。索利多金币逐步成为主要流通货币。

🐉 银币演化

希拉克略统治时期（公元 610~641 年），拜占庭帝国遭受到四面八方的进攻。公元 611 年，波斯军队夺取了叙利亚首府安条克。公元 619 年，波斯军队攻占了埃及首府亚历山大里亚。与此同时，阿瓦尔人和斯拉夫人大举入侵巴尔干半岛，伦巴底人和西哥特人进攻意大利和西班牙。更具影响力的事情是，公元 622 年，伊斯兰教先知穆罕默德率领他的信徒进入麦地那城，建立了伊斯兰教。从此，阿拉伯人的力量逐步向世界各地扩张。

为了维护拜占庭帝国在各地的统治，希拉克略进行了军区制改革。各军区官兵的薪金采用金币计量。根据 7 世纪阿拉伯作家的记载，拜占庭帝国将军的年收入为 2592~2880 索利多金币，师长的年收入为 1728 索利多金币，士兵的年收入为 12~18 索利多金币。

除了进行军区制改革，公元 615 年，希拉克略还发行了赫克格拉姆（HEXAGRAM）银币，弥补索利多金币的不足。12 枚赫克格拉姆银币兑换 1 枚索利多金币。

赫克格拉姆银币重量为 6.81 克，币坯形状不规则。赫克格拉姆这个词的前缀"HEXA"表示 6，代表 6 斯克鲁普尔（SCRUPULUM）。1 斯克鲁普尔等于 1/24 盎司，重量折合现代的 1.135 克。

在这种货币制度下，钱币金银比价为：

$1/24 \div 12 \times 6 \times 12$ 罗马磅白银 $\div 1/72$ 罗马磅黄金 $=18$

希拉克略仍旧使用了君士坦丁确立的制度，按照 1：18 的钱币金银比价打制银币。显然，按照这种比价打制银币是亏损的，因而不能持续。所以，赫克格拉姆银币流通时间不长，公元681 年后，除了满足仪典之需，便不再打制赫克格拉姆银币了。

🌿 米拉瑞逊币

公元 720 年，拜占庭帝国皇帝利奥三世开始发行米拉瑞逊（MILIARENSION）银币。

米拉瑞逊银币是米拉伦斯银币的一个变种，只有 1/2 米拉伦斯银币的重量，即 1/144 罗马镑，折合现代的 2.27 克。与先前拜占庭帝国所有的货币相比，米拉瑞逊银币的厚度甚是单薄，其最初是作为纪念币发行的，但在使用过程中不断被用来满足经济需要，久而久之，就成为一种流通货币。

币 25：巴西尔二世米拉瑞逊银币，公元 976~1025 年生产，重量为 2.20 克，正面图案是巴西尔二世和君士坦丁正面胸像，巴西尔位于左侧，君士坦丁位

币 25　米拉瑞逊银币

于右侧；背面 5 行币文为"巴西尔与君士坦丁·紫袍加身的和虔诚的罗马国王"。

米拉瑞逊银币流通了数百年。米拉瑞逊银币有这样旺盛的生命力的原因是，与米拉伦斯银币相比，米拉瑞逊银币可以说是一

种虚币，制造者可以从制造米拉瑞逊银币中获取巨大的利益。

按照钱币金银比价1：18的旧制，1枚索利多金币兑换18枚米拉伦斯银币，1枚米拉伦斯银币重量的白银可以制造2枚米拉瑞逊银币，那么，1枚索利多金币就应当兑换36枚米拉瑞逊银币。但是，利奥三世规定1枚索利多金币法定兑换12枚米拉瑞逊银币，这就使制造米拉瑞逊银币成为一种能获取暴利的事情。

米拉瑞逊银币发行了将近3个世纪，大约在11世纪伊始，米拉瑞逊银币的成色开始走下坡路。公元1080年，米拉瑞逊银币在流通中的重要性已经显著下降。公元1092年以后，该币停止打制，仅作为记账单位继续存在。

公元1092年，阿力克塞一世（公元1081~1118年在位）创建了海伯龙金币制度，取代了索利多金币制度。于是，米拉瑞逊银币不再与索利多金币挂钩，而是转向与海伯龙金币挂钩，两种货币的兑换比率仍然为1：12，即1枚海伯龙金币兑换12枚米拉瑞逊银币。

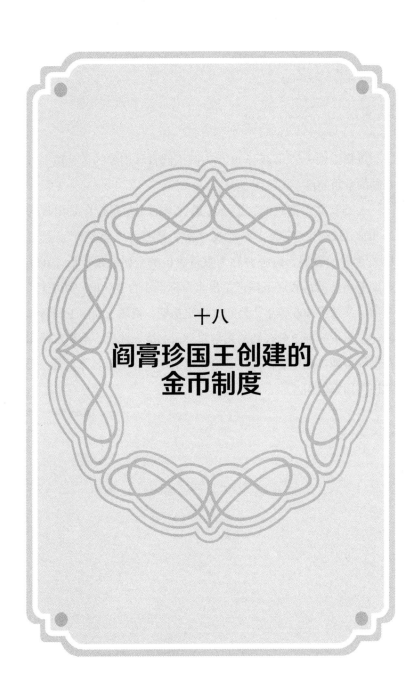

十八

阎膏珍国王创建的
金币制度

贵霜王朝（公元 45~300 年）国王阎膏珍创建的是重量 1 舍客勒的金币制度。

人类有文字记载的、历史上最古老的重量单位，是出现在公元前 2378 年《乌鲁卡基那改革铭文》上的"舍客勒"。经过 1700 多年的发展，以舍客勒为重量单位的金属称量货币，在小亚细亚半岛的吕底亚王国产生出重量标准 1 舍客勒的"斯塔特"金币。又过了 700 多年，公元 2 世纪初期，贵霜王朝国王阎膏珍创建了重量标准 1 舍客勒的第纳尔金币制度。此后，第纳尔钱币在世界各地广泛传播，代代不绝。第纳尔作为货币名称，至今仍被许多国家使用。

舍客勒

乌鲁卡基那是两河流域南端"格拉什"城邦的城主，他对前任城主卢伽尔安达的弊政进行了改革，改革的内容用苏美尔楔形文字记录在泥圆锥和椭圆泥板上。在这些文字里，不仅出现了重量单位"舍客勒"，还出现了舍客勒的具体数量——五。

法国学者 M. 朗贝尔将《乌鲁卡基那改革铭文》的苏美尔楔形文字翻译为法文，马香雪将该内容从法文转译为中文：

假使他们要使人在宫殿里洗羊，假使它的羊毛要放在水里去脂，他们就付价格为五舍客勒的款。[①]

在此后的文字记载中，又出现了相当于 60 舍客勒的重量单位——弥那（MINA）。弥那这个重量单位最早出现在《乌尔纳姆法典》中。

公元前 2113 年，乌尔人用武力统一了两河流域，建立起一个中央集权君主专制的王朝——乌尔第三王朝。乌尔纳姆成为这个王朝的统治者，颁布了《乌尔纳姆法典》。

目前出土的《乌尔纳姆法典》由 30~35 块泥板组成，用苏

[①]　东北师范大学历史系西亚、北非、欧洲上古史研究室：《乌鲁卡基那的"改革"》，1983 年 4 月，第 39—40 页。

美尔楔形文字书写，残存法律条文 27 条，使用白银称量货币的地方有 16 处，其中使用舍客勒白银称量货币单位的地方有 8 处，使用弥那白银称量货币单位的地方有 6 处，使用白银称量货币而没有说明具体单位的地方 2 处。

舍客勒（SHEKEL）在苏美尔文中的意思是"称重"。在数量制度方面，苏美尔人使用 60 进制。根据苏美尔人的重量制度，60 舍客勒等于 1 弥那。在苏美尔文中，弥那的意思是"计算"。在公元前 18 世纪初期，古巴比伦王国颁布的《汉谟拉比法典》中出现了一个更小的称量单位——乌得图（UTTETU）。1 舍客勒等于 60 乌得图。据考证,苏美尔弥那的重量折合现代的 500 克，舍客勒折合现代的 8.33 克；乌得图折合现代的 0.14 克。

两河流域最基本的重量单位是"色"（SE），即 1 颗麦粒的重量。1 乌得图等于 3 色。1 色的重量折合现代 0.0463 克。1 舍客勒的重量就是 180 颗麦粒的重量。

两河流域的称量制度以及白银称量货币制度向东传入伊朗高原，向北传入小亚细亚半岛。

公元前 7 世纪，随着白银称量货币的发展，在小亚细亚半岛的吕底亚王国产生了西方古代最早的金属数量货币——琥珀合金币，琥珀合金币的单位是"斯塔特"（STATER）。

斯塔特币

吕底亚王国的斯塔特金币是理论重量 1 舍客勒的金币，吕底亚王国的斯塔特银币是代表 1/10 斯塔特金币价值的银币。

吕底亚王国位于小亚细亚半岛西部（今土耳其西北部），濒临爱琴海，公元前 13 世纪末从那个曾经称霸古代世界的赫梯王国中独立出来。土耳其人认为，公元前 640 年，吕底亚王国创造出了西方世界最早的钱币——琥珀合金币。

琥珀合金币是使用吕底亚王国都城萨迪斯河里的金银合金矿砂制造的，金属成分为三金一银，币名为"斯塔特"。斯塔特的意思是"标准"，标准的琥珀合金币重量大约为 14 克。

末代国王克洛伊索斯统治时期，吕底亚王国出现了纯金币和纯银币。纯金币和纯银币的名称仍然是"斯塔特"，即斯塔特金币和斯塔特银币。斯塔特金币采用 1 舍客勒作为重量标准，理论重量为 8.33 克，扣除制造成本和铸币税，实际重量大约为 8 克，有出土的吕底亚王国斯塔特金币为证。

那么，斯塔特银币的理论重量是多少？

吕底亚王国规定，1 枚斯塔特金币兑换 10 枚斯塔特银币。此时，吕底亚王国黄金和白银的比价是 1∶13.3，即 1 舍客勒黄金兑换 13.3 舍客勒白银。所以，10 枚斯塔特银币的白银含量应该是：

8.33 克 ×13.3=110.8 克

110.8 克白银打制 10 枚斯塔特银币，1 枚斯塔特银币的理论重量就是 11.08 克，扣除制造成本和铸币税，实际重量低于 11 克，有出土吕底亚王国斯塔特银币为证。

第纳尔币

我国东汉时期，东汉王朝、贵霜王朝、安息王朝和罗马帝国是当时世界上的四大强国。

根据《后汉书》记载，月氏被匈奴所灭，迁到大夏，将大夏分为休密、雙靡、贵霜、肸顿、都密共五部翎候管理。100多年以后，贵霜翎候丘就却攻灭了另外四部翎候，自己成为国王，建立了贵霜王朝（公元45~300年）。从此，丘就却攻打各地邻国，贵霜王朝遂成帝国。丘就却活了80多岁，去世后，他的孙子阎膏珍继承王位。

阎膏珍（公元105~140年）在位时期创建了第纳尔金币制度。他创建的金币名叫διναρο，中文译作"第纳尔"，西文译作"denarius"（狄纳里）。狄纳里是罗马共和国时期银币的名称，源于拉丁文"dini"（10），意思是10个阿斯铜币的价值。罗马共和国时期，1狄纳里银币＝10阿斯铜币。屋大维时期，狄纳里的法定重量为1/84罗马磅，即3.89克。从金属类别和重量来看，阎膏珍制造的第纳尔金币，虽然与罗马共和国狄纳里银币的名称相同，却不是按照罗马共和国的狄纳里银币的标准重量打制的，而是采用了舍客勒重量标准和西方世界最早的金币——吕底亚王国斯塔特金币的重量标准。

除了舍客勒重量标准和斯塔特金币重量标准，阎膏珍创建第纳尔金币制度的另外两个来源是波斯帝国国王大流士制定的大流克金币制度和罗马帝国元首屋大维制定的奥里斯金币制度。

公元前547年，波斯帝国国王居鲁士攻灭吕底亚王国，俘虏了克洛伊索斯国王，继承了吕底亚王国的重量制度和货币制度。公元前522年，波斯帝国国王大流士创建了"大流克"金币制度，大流克金币的重量标准为1舍客勒，最初重量为8.33克。

公元前27年，罗马元老院授予屋大维"奥古斯都"称号，开启了罗马帝国的历史。屋大维将罗马奥里斯金币的重量标准定为 1/40 罗马磅。1 罗马磅的重量是 327 克，1/40 罗马磅的重量就是 8.175 克。

在阎膏珍创建第纳尔金币制度之前，贵霜王朝基本沿袭印度和希腊王国的货币传统，采用希腊银币名称——德拉克马和希腊铜币名称——查柯，发行自己的银币和铜币。阎膏珍统治时期，贵霜王朝开始采用罗马银币的名称发行金币。从此，第纳尔作为货币名称在世界各地广泛传播。目前，使用第纳尔作为货币名称的国家有阿尔及利亚、伊拉克、科威特、塞尔维亚、巴林、突尼斯、马其顿、约旦、利比亚等。

从舍客勒到斯塔特，从大流克到奥里斯再到第纳尔，从称量货币到数量货币，经过 2000 多年的发展，为什么黄金货币一直沿袭着传统的重量标准？其主要原因是，当青铜货币以及白银货币相继被信用化的同时，黄金仍旧依靠本身的金属价值发挥货币职能。

从两河流域到小亚细亚半岛，从伊朗高原到罗马再到中亚贵霜王朝，在如此广袤的地域里，为什么黄金货币保持着单位重量的一致？其主要原因是，长途跋涉产生高昂的成本，黄金作为贵金属在运输中成本较低，是国与国间支付的主要手段，所以各古国的黄金货币都采用了相同的重量单位，以便于国与国间的支付。

从乌尔纳姆到克洛伊索斯，从大流士到屋大维再到阎膏珍，这些不同时代的古国君主，为什么都采用 8 克左右的货币重量标准？这仍然是一个需要进一步深入探索的问题，等待着我们找出更合理、更可靠的答案。

十九

萨珊王朝的
第纳尔金币

公元 1~3 世纪前后，世界有四大强国并列：东汉王朝（公元25~220 年）、贵霜帝国（公元 45~300 年）、安息王朝（公元前247 年至公元 224 年）和罗马帝国（公元前 27 年至公元 395 年）。

公元 224 年，萨珊王朝取代安息王朝成为世界强国，从而继承了安息王朝的德拉克马银币制度。公元 233 年，萨珊王朝的军队攻占了贵霜王朝的大面积领土，从而继承了贵霜王朝的第纳尔金币制度。

国王的早朝

萨珊王朝

萨珊王朝又称波斯第二帝国，也是最后一个前伊斯兰时期的波斯帝国，建立于公元224年，灭亡于公元651年。

早在公元前550年，居鲁士大帝统一波斯，建立了波斯帝国，史称阿契美尼德王朝。公元前330年，亚历山大率领马其顿军团攻入波斯波利斯，波斯帝国灭亡。亚历山大撤军后，波斯地区陷入混乱。公元前247年，帕尔尼首领阿萨克斯取代了刚从塞琉古王朝宣布独立的帕提亚总督安德拉哥拉斯，进驻达赫以南的帕提亚地区，建立了帕提亚王朝，中国称其为"安息王朝"。此后，安息王朝不断扩张，形成了地域广袤的庞大帝国。

公元224年，在安息王朝衰败及其末代君王阿尔达班五世阵亡之后，一个名叫阿达希尔的波斯人通过战争建立了萨珊王朝。萨珊王朝一直统治到阿拉伯帝国入侵，耶兹格德三世于公元651年被迫逃亡的时候为止。

萨珊王朝统治时期的领土包括当今伊朗、阿富汗、伊拉克、叙利亚、高加索地区、中亚西南部、土耳其部分地区、阿拉伯半岛海岸部分地区、波斯湾地区、巴基斯坦西南部，控制范围甚至延伸到了印度。萨珊王朝在当时被称为"埃兰沙赫尔"，中古波斯语意指"雅利安帝国"。

波斯帝国创建的古波斯文化，因为亚历山大的入侵而中断。

亚历山大带来的古希腊文化，经历了塞琉古王朝和安息王朝，已经与当地文化相结合。萨珊王朝的建立重新燃起了波斯文化的辉煌。

从波斯帝国至亚历山大东征、塞琉古王朝、安息王朝，再至萨珊王朝，古波斯文化经历了从创建到被否定，再从被否定到被重新肯定的过程。

当地的钱币制度，也经历了从继承到演变的发展过程。

🌀 第纳尔币

萨珊王朝的钱币制度有两个源头：一是安息王朝的德拉克马银币制度；二是贵霜王朝的第纳尔金币制度。

公元 224 年，萨珊王朝取代安息王朝成为世界强国。安息王朝原本是从希腊化国家塞琉古王朝中独立出来的，所以使用希腊化钱币——德拉克马银币和查柯铜币。因此，萨珊王朝继承了安息王朝的银币和铜币制度。安息王朝没有制造金币，萨珊王朝的金币制度源自贵霜王朝的钱币制度。

公元 233 年，萨珊王朝攻占了贵霜王朝的大面积领土。贵霜王朝自公元 2 世纪初期就建立了金币制度。萨珊王朝入侵时，贵霜王朝的金币流通已有 100 多年的历史。因此，萨珊王朝攻占贵霜王朝的大面积领土之后，就开始依循贵霜王朝的钱币制度制造第纳尔金币。于是，萨珊王朝出现了德拉克马银币、查柯铜币和第纳尔金币三币并行的货币体系。

第纳尔金币是贵霜王朝制造的金币，标准重量为大约 1 舍客勒，由国王阁膏珍仿照罗马帝国的奥里斯金币的重量标准制造。

罗马帝国首任元首屋大维创建的金币制度，1 枚奥里斯金币法定重量为 1/40 罗马磅，即 8.175 克，初期平均重量为 7.95 克，后期逐步下降。贵霜王朝国王阁膏珍比照罗马帝国奥里斯金币制造了第纳尔金币，初期重量为 7.93 克。

币 26：贵霜王朝阎膏珍 1 第纳尔金币，公元 105~140 年生产，重量为 7.93 克，正面图案是国王戴冠面右半身像，手持权杖或斧

币 26

头，肩头有火焰，下方有浮云，周围币文为希腊文"BACIΛEYC OOHMO KAΔΦICHC"（维玛·卡德费西斯国王）；背面图案是湿婆手持三叉戟和狮皮裸身站像，左方为国王徽记，右方为佛教三宝徽记，周围是佉卢文。

维玛·卡德费西斯是贵霜王朝国王阎膏珍的名字，这位国王首次发行了贵霜王朝的金币，并将其命名为"第纳尔"（DINAR），意思是价值 10 个二德拉克马银币。

萨珊金币

萨珊王朝继承了安息王朝的国土，继承了安息王朝的银币制度，并将国土扩张到贵霜王朝部分领土，又继承了贵霜王朝的金币制度，发行了第纳尔金币。截至目前，我们见到的最早的萨珊王朝的第纳尔金币是在其开国国王阿达希尔的儿子沙普尔统治时期制造的。

币 27：萨珊王朝沙普尔 1 第纳尔金币，公元 241~272 年生产，重量为 7.37 克，正面图案是球髻护耳齿冠国王面右头像，周围币文为巴列维文字"天降的伊朗王中之王，马兹达崇拜者，神圣的沙普尔"；背面图案是祭火坛，两祭司手持权杖背对祭火坛站像，周围币文为巴列维文字"沙普尔之火"。

币27

与贵霜王朝的第纳尔金币相比，尽管经历了100多年的发展，虽然萨珊王朝生产的第纳尔金币的重量略有下降，却还保持了 7 克多的标准。

萨珊王朝的核心货币是德拉克马银币，而不是第纳尔金币。萨珊帝国的前身安息王朝更是完全不制造金币，而安息王朝的前身塞琉古王朝也很少制造金币。出现这种情形的原因是马其顿国王亚历山大改变了钱币金银比价，使其与商品金银比价之间出现了明显的差异。

公元前 330 年，亚历山大征服了波斯帝国。然后，他废除了吕底亚 1 : 13.3 的钱币金银比价，将钱币金银比价改为 1 : 10。

金币法定价值从 13.3 银币价值下降为 10 银币价值，影响了金币的制造。由于制造金币利益大幅度下降，此后，位于西亚地区的希腊化国家塞琉古王朝的金币逐步稀少。从塞琉古王朝独立出来的安息王朝更是完全不制造金币，只有银币和铜币的流通。既然塞琉古王朝金币与银币并行流通，我们可以针对塞琉古王朝的金银钱币制度进行分析。

塞流古王朝实行德拉克马银币与斯塔特金币并行的货币制

度。1枚斯塔特金币兑换10枚二德拉克马银币,即1枚大约重8.51克的斯塔特金币法定兑换10枚总重大约为85.1克的德拉克马银币。在这里,德拉克马银币的理论重量是4.255克。在金币与银币的兑换比率上,塞流古王朝依据亚历山大的币制,采用了1∶10的钱币金银比价。

然而,商品金银比价还是1∶13.3。于是,在金币与银币的兑换比率上,塞琉古王朝高估了银币的价值。也就是说,将白银制造成银币,就可以用较少的白银制造出较高的价值,能够换取较多的用黄金制造的金币。在这种制度下,制造银币获得的利益高于制造金币获得的利益。因此,塞琉古王朝制造的金币较少,制造的银币较多,德拉克马银币便成为其主要的流通货币。

安息王朝从塞琉古王朝中独立出来,便完全不制造金币,只有德拉克马银币和查柯铜币流通。

由于希腊化货币制度不利于金币的制造,所以,当贵霜王朝恢复金币制度的时候,就不能采用希腊化货币制度,而是采用罗马帝国的货币制度,比照奥里斯金币制度创建了第纳尔金币制度。

比照罗马帝国的货币制度,奥里斯金币的重量只有7.93克,而不是希腊化斯塔特金币的重量8.51克,两者对德拉克马银币的兑换比率都是1∶10,即1枚金币兑换10枚二德拉克马银币。于是,制造金币就出现了一定的收益。

萨珊王朝继承了贵霜王朝的第纳尔金币制度,制造金币有利可图,于是,金币逐渐流通起来。

此后,第纳尔金币制度广泛传播,延续久远。直至今天,仍有许多国家还在使用第纳尔作为货币名称。

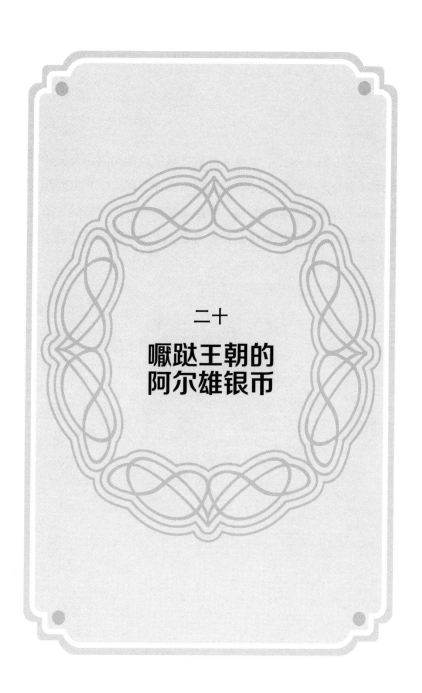

二十

嘛跶王朝的
阿尔雄银币

嚈哒王朝是古代中亚地区游牧民族组建的国家，公元4世纪中叶至公元6世纪中叶曾经独霸中亚和北印度，其主要统治地区属于前贵霜王朝的版图。嚈哒王朝鼎盛时期制造的货币是阿尔雄银币。阿尔雄银币是仿照寄多罗王朝1德拉克马银币制造的。

嚈哒的战争

🐉 嚈哒王朝

　　中国史书《梁书·滑国传》认为嚈哒是"车师别种";《北史·嚈哒传》认为嚈哒是"大月氏之种类";余太山的《嚈哒史研究》认为嚈哒是"乙弗鲜卑之一支"。西方学者更多用"白匈奴"来称呼嚈哒人。

　　公元 4 世纪,嚈哒是隶属于柔然的一个小部落,后摆脱了柔然的控制,开始南下。公元 4 世纪 60~70 年代,嚈哒人越过阿尔泰山,占领索格底亚纳。公元 5 世纪 20 年代,嚈哒人渡过阿姆河,进犯萨珊波斯,被瓦赫兰五世(公元 420~438 年)击溃。

　　公元 5 世纪 30 年代末,嚈哒人南下吐火罗斯坦,战胜这里的寄多罗贵霜人,逐走其王寄多罗。

　　嚈哒人自吐火罗斯坦向西,入侵萨珊波斯,开启了嚈哒—萨珊的百年战争。初期,萨珊人成功地打退了嚈哒人的入侵。公元 449 年,战局出现变化,嚈哒人打败了萨珊王——伊嗣俟二世(公元 438~457 年),夺取了萨珊波斯东部的领土。

　　在战胜伊嗣俟二世的同时,嚈哒人越过兴都库什山,占领了山南乾陀诸国,并发动了对笈多印度的战争,但被击退。

　　公元 5 世纪 70 年代末,嚈哒人最终消灭了寄多罗贵霜残余势力,立特勤为王,统治兴都库什山以南地区。公元 6 世纪初期,嚈哒人向塔里木盆地发展,沿西城南北道向东推进。在北道,嚈跌人的势力到达焉耆以东；在南道，到达于阗、疏勒、龟兹等地。此时，嚈跌人的版图超过了原来的贵霜王朝。

公元 6 世纪中期，嚈跌王朝在萨珊王朝和突厥人的联合打击之下遭到惨败，从此灭亡。

🐉 寄多罗币

贵霜王朝（公元 45~300 年）沿用希腊币制，以铜币为主，早期有德拉克马银币，后期使用第纳尔金币，银币逐步消失。

公元 360 年，贵霜王朝的统治转入原为贵霜王朝附属国的寄多罗王朝之手。匈奴人寄多罗创建了贵霜王朝，其疆域最大时包括白沙瓦、塔克西拉、旁遮普和查谟。寄多罗王朝延续时间短暂，公元 5 世纪被嚈跌王朝消灭。

寄多罗王朝继承了贵霜王朝的第纳尔金币制度，并受萨珊王朝（公元 224~651 年）影响，采用 1 德拉克马银币作为主要货币。

在萨珊王朝的货币制度中，以德拉克马银币为主，查柯铜币很少，第纳尔金币更少。萨珊王朝流通 1 德拉克马银币。公元 226 年，萨珊王朝将波斯德拉克马重量标准恢复到亚历山大时期的 4.24 克。几百年后，在卑鲁兹一世（公元 459~484 年）执政时期，德拉克马的重量标准从 4.24 克被下调至 4.15 克。

寄多罗王朝采用萨珊王朝银币制度，流通 1 德拉克马银币，平均重量在 4 克以下。

币 28：寄多罗王 1 德拉克马银币，公元 350~380 年在白

币28

沙瓦造币厂生产，重量为 3.84 克，正面图案是戴羽冠国王正面头像，币文为婆罗米文"寄多罗贵霜沙"；背面图案是祭火坛和两名祭司。

公元 5 世纪，嚈跢王朝攻灭寄多罗王朝，继续采用 1 德拉克马银币的货币制度。

阿尔雄币

嚈哒人没有形成自己独立的货币体系，流通主要使用银币，通常为重 3.5 克的德拉克马银币。嚈哒币包括仿萨珊钱币、仿贵霜钱币以及萨珊戳记币，但也有具有自身民族特色的"阿尔雄"嚈哒币和"那色波"嚈哒币。

阿尔雄（Alchono）是部族名称，公元 5~6 世纪，嚈跢人在巴克特里亚用这个部族的名称制造钱币。公元 4 世纪的阿尔雄币并不是嚈跢人的钱币，而是嚈跢人使用萨珊币改刻的钱币。

币 29

币 29：1 德拉克马萨珊币改刻的阿尔雄银币，公元 355 年在巴尔赫地区生产，重量为 3.5 克，正面图案是萨珊王沙普尔二世面朝右头像，周围原有的巴列维文被改刻为草写希腊文"Alchon"（阿尔雄）；背面图案为祭火坛和两名祭司，火焰中有阿胡拉·马兹达头像。

后来，嚈跢人自己制造银币，刻印嚈跢王头像，币文是"阿尔雄沙"。

币 30：1 德拉克马阿尔雄嚈跢币，公元 410~425 年在阿富汗
地区生产，重量为 3.5 克，正面
图案是嚈跢王头像，长脸大眼尖
鼻佩戴耳环肩头有火焰，面前有
花饰，草写希腊文为"SHAHO
ALCHONO"（阿尔雄沙）；背面
图案是祭火坛和两名祭司。

币 30

由于有些阿尔雄币上有婆罗米文"KHINGILA KHIGI"（馨
孽王）的名称，所以不少钱币目录上将此类钱币归为"馨孽币"。
馨孽是"阿尔雄"部族的首领。馨孽继位后，将原匈奴改称为"阿
尔雄"。嚈跢人的文字是继贵霜文之后的一种变写希腊文。

除了阿尔雄币，嚈跢人还制造了"那色波"币。这是公元
5~6 世纪嚈跢王朝后期那色波王族的钱币，其特点是国王戴牛角
冠，币文采用巴列维文。

币 31：1 德拉克马那色波
币，公元 475~576 年在喀布尔
谷及扎布尔地区生产，重量为
3.5 克，正面图案是国王戴牛角
翘冠头像，右前方币文为常见

币 31

的巴列维文"NAPKI MLK"（那色波王）；背面图案是祭火坛和
两名祭司，右上方有日轮痕迹。

在阿富汗巴克特里亚出土的文献中，有一份完整的婚姻文书。
该文书既记载了兄弟共娶一妻的习俗，也记载了其中的货币使用
情况，其中说道：

　　若（我们）指派责任和任务给 Ralik，或（我们）如此要求，关于 Ralik 之后代们，（孩子）做我们的婢女或奴隶，而非自由服役如同（他的）祖父和父亲，那么（我们）将给予皇家财库 20 狄纳里金币之罚金，并给予对方同样之数额，我们的要求与争论亦因此无效。①

　　根据这份婚姻文书，在某些情况下，如没有正确对待妻子的孩子，应该支付给对方 20 狄纳里金币的赔偿，并支付政府 20 狄纳里金币的罚款。然而，我们知道，嚈哒人的主要货币是德拉克马银币。出土的婚姻文书中所述的货币，可能是在转译过程中出现了错误，不应该是狄纳里金币，而应该是德拉克马银币。

---

　　①　［英］尼古拉斯·辛姆斯 – 威廉姆斯：《阿富汗北部的巴克特里亚文献》，兰州大学出版社 2014 年版，第 217—219 页。

二十一

犍陀罗王国的
萨塔马纳银币

公元前 6 世纪，古印度列国时代，在南亚次大陆西北端兴都库什山脉（今巴基斯坦东北部和阿富汗东部）出现了一个古国，称为犍陀罗（GANDHARA）王国，属于古印度列国十六大国之一。犍陀罗人聚居在喀布尔河、斯瓦特河、印度河冲击形成的山谷地区。这里不仅是印度文明的发源地之一，还是欧亚大陆的交接点。

　　犍陀罗王国的重量单位"萨塔马纳"（SATAMANA）源于古印度吠陀时代。公元前 6 世纪，犍陀罗王国以萨塔马纳重量标准生产出了特定规制的条形银币——萨塔马纳银币。

🌀 重量单位

萨塔马纳重量单位最早出现在吠陀文献中。

公元前 1500 年以后，印欧语系居民进入印度河流域，逐渐成为这个地区的主要居民。这些人自称"雅利安人"，意思是"高贵的人"。雅利安人称印度河流域原有居民为"达萨"，意思是"敌人"，说明雅利安人的进入是通过战争实现的。

雅利安人创作了四部吠陀（由经文、诗歌、咒语汇编）——《梨俱吠陀》《沙摩吠陀》《耶柔吠陀》《阿闼婆吠陀》。《梨俱吠陀》形成于公元前 1500 年至公元前 900 年，这个时期被称为"梨俱吠陀时代"或"早期吠陀时代"。其余三部吠陀形成于公元前 900 年至公元前 600 年，这个时期被称为"婆罗门教时代"或"后期吠陀时代"。四部吠陀是研究雅利安人历史的主要文献。

在吠陀文献中，"马纳"（MANA）是常见的交易术语，被用作称量单位。萨塔马纳等于 100 马纳，原来是 1 个圆形金属片。在国王登基祭祀典礼上，当国王加冕时，两个萨塔马纳被分别嵌在皇家战车的两个轮子上，在典礼后赏给祭司。

马纳采用百进制，100 马纳等于 1 萨塔马纳。但是，两者之间还有一个中间单位——沙那（SHANA），重量为 1.375 克。12.5 马纳等于 1 沙那。8 沙那等于 1 萨塔马纳。

重量单位	拉丁文	重量（克）	马纳数量
马纳	MANA	0.11	1
沙那	SHANA	1.375	12.5
萨塔马纳	SATAMANA	11.00	100

条形银币

　　犍陀罗王国以萨塔马纳为重量单位生产出了条形银币——萨塔马纳银币，理论重量为 11 克，与同时期的吕底亚王国斯塔特纯银币的理论重量恰好一致。

　　古印度的列国时代，始于公元前 6 世纪初。犍陀罗王国的主要城市有河东的塔克西拉（TAXILA）和河西的普什卡拉瓦提（PUSHKALAVATI）。塔克西拉作为犍陀罗王国的都城，是古印度八大商业城市之一，现为巴基斯坦旁遮普省塔克西拉市（Taxila）。公元前 5 世纪，塔克西拉古城所在地区成为波斯帝国的一部分。犍陀罗王国开始生产萨塔马纳银币的时间，在公元前 6 世纪中期。

　　吕底亚王国开始生产纯银币的时间，也在公元前 6 世纪中期，即克洛伊索斯国王执政时期（公元前 560 年至公元前 546 年）。犍陀罗王国的萨塔马纳条形银币与吕底亚王国的斯塔特椭圆形纯银币是同时期的钱币，两者重量标准相同，之间应该有某种联系。

　　犍陀罗王国的萨塔马纳条形银币，一般在正面有印记符号，背面是光面。

　　币 32：犍陀罗王国 1 萨

币 32

塔马纳银币，弯条形状，公元前 6 世纪至公元前 303 年生产，重量为 11.2 克，正面印有 2 个六臂符；背面是光面，没有记号。

印度钱币学者帕尔梅什瓦里说：

犍陀罗国发行的货币是很特别的凹形长条状，长度为 1~1.75 英寸，平均宽度约为 0.4 英寸。……刚刚铸造的钱币重约 183 格令；受到实际状况影响，其重量通常介于 150~180 格令。……①

格令（GRAIN）是 1 颗麦粒的重量，为 0.0648 克。帕尔梅什瓦里所述犍陀罗王国的条形银币初期重量为 183 格令，后来降至 150~180 格令。萨塔马纳的理论重量为 11 克，等于 170 格令。

犍陀罗王国早期钱币是条形银币，后来又出现了圆形小额银币。

币 33

币 33：犍陀罗王国 1/16 萨塔马纳银币，圆形，公元前 500 年至公元前 400 年生产，重量为 0.67 克，正面是 1 个六臂符；背面是光面，没有记号。

这枚 1/16 萨塔马纳银币，实测重量为 0.67 克。以此推算，1 萨塔马纳的重量是 10.72 克，近似于萨塔马纳的理论重量（11 克）。

古印度列国时代，不仅犍陀罗王国制造和使用萨塔马纳银币，自犍陀罗王国从西向东一条线上的居萨罗（KOSALA）王国、末罗（MALLA）王国和迦尸（KASHI）王国，都生产和使用萨塔

①　［印］P. L. 笈多：《印度货币史》，石俊志译，法律出版社 2018 年版，第 15—16 页。

马纳银币。但是，这些王国的萨塔马纳银币的形状已经不再是条形的，而是四边不规则的方形或者圆形的。

印记符号

近代考古发现，古印度文明源自公元前 2500 年至公元前 1750 年的哈拉巴文明。

过去人们普遍认为，在印欧语系民族到来前，印度无史可言。1922 年，考古学者在印度河流域偶然发现了一处奇特的文化遗址。经过数十年的发掘研究，在整个印度河流域发现了大小城镇遗址 200 多处，其中哈拉巴、墨亨佐达罗和甘瓦里瓦拉规模最大。这些遗址被统称为"哈拉巴文明"。哈拉巴文明存在的时间大约在公元前 2500 年至公元前 1750 年，其中大部分早于中国的夏朝，小部分与中国夏朝的时间重合。

哈拉巴文明的主要经济是农业，农作物主要是大麦和小麦，现已发现当时所用的镰刀等农具。人们已经开始畜养牛、羊、家禽等。椰枣、果品也是人们常用的食物。制陶、纺织、冶炼和车船制造都已经相当成熟。在哈拉巴文明遗址中发现了大量的铜器，说明当时印度半岛已经进入铜器时代，城市文明已经出现。哈拉巴、墨亨佐达罗和甘瓦里瓦拉是当时的三个大城市。

哈拉巴文明已经有了自己的文字。这些文字存留在各种石器、陶器、象牙制的印章上。文字符号有象形的，也有由方形、圆形等几何图案组成的，但这些文字迄今尚未被解读。

古印度早期钱币上的印记，是对石刻、陶器、印章上的印记的发展和继承。钱币上的印记也可以看作"未能解读"的图形文字。截至目前，古印度钱币上的印记已发现五六百种，对它们的解读，众说纷纭，难以统一。

关于各种印记符号，不同的城邦有不同的图案，不同的时期也有不同的图案。

萨塔马纳银币上的印记，大多是太阳符和六臂符。

太阳符由实心圆盘或圆眼及芒线组成，芒线数目多在 6~16 条。有学者认为，太阳符与宗教信仰有关；也有学者认为，太阳符代表王朝权力；还有学者认为，太阳符的芒线代表国王所统治邦国的数量，是一种政治和经济管辖权的象征。

六臂符由圆眼与 6 臂组成，其中 3 臂为箭头，3 臂为公牛徽。有学者认为，六臂符与宗教信仰有关；另一些学者认为，六臂符是王朝的标志；还有学者认为，六臂符是王朝领土扩张的象征。

此外，在古印度的另一些钱币上，有些印记是佛丘、树栏、几何图形，可能用来表示地域、部族、王朝等，还有些印记是人、兽、植物，可能是造币厂的标志。

二十二

笈多王朝的
第纳尔金币

笈多王朝（公元 320~500 年）是印度历史上重要的王朝之一，鼎盛时期几乎统一了整个印度半岛，国土面积达到 380 万平方千米，是当时世界上的大国。

　　笈多王朝实行第纳尔金币、德拉克马银币和标准铜币并行的货币制度。第纳尔金币是笈多王朝的主要货币，源自贵霜王朝（公元 45~300 年）创建的第纳尔金币制度。

🐉 笈多王朝

公元 3 世纪末，贵霜王朝（公元 45~300 年）逐渐衰落，南亚次大陆的西北部和北部地区分裂成许多小国。恒河上游地区的一个小国逐渐强盛。这个小国的国王室利·笈多（Sri-Gupta）征服了附近一些小国并自称"摩诃罗阇"（Maharaja），意思是众王之王。

室利·笈多的孙子——旃陀罗·笈多一世（公元 320~350 年在位）与一位摩揭陀王国的公主结婚，建立了政治联盟，增强了国力，又征服了许多小国，在恒河流域东中部建立了笈多王朝，定都吠舍离城（今印度比哈尔邦巴特那城以北）。

旃陀罗·笈多一世的儿子沙摩陀罗·笈多（又称海护王，公元 350~370 年在位）开始大规模对外扩张，被称为印度历史上的拿破仑·波拿巴。他攻占了恒河上游及印度河流域东部，统一了北印度。

旃陀罗·笈多一世的孙子旃陀罗·笈多二世（又称超日王，公元 376~415 年在位）用联姻的办法，加强与北印度和德干地区酋长的关系，以稳固自己的统治地位，并夺取马尔瓦、卡提阿瓦和信德，领土扩至阿拉伯海沿岸，又把首都迁至华氏城（今印度比哈尔邦巴特那城）。

公元 399 年，中国东晋时期的高僧法显从长安（今陕西长安古城遗址）出发，经西域至天竺寻求佛法，游历30余国，收集了大批梵文经典，前后历时14年，于公元413年归国。法显著有《佛国记》，记载了旃陀罗·笈多二世时期笈多王朝的盛世景象。

公元409年前后，除克什米尔以及印度南端的一些小王国外，旃陀罗·笈多二世几乎统一了全印度，其版图与古印度的孔雀王朝大体相当。

此后，嚈哒人由西北入侵，旃陀罗·笈多二世的孙子塞建陀·笈多（公元455~467年在位）率兵抵抗，兵力不敌，国势日颓，民穷财尽，以致不得不依靠改革币制来维持军事开支。

嚈哒人消灭了印度河上游贵霜王朝的残余势力。嚈哒国王头罗曼以犍陀罗为据点大举入侵印度。笈多王朝的地方长官纷纷背叛，开始与嚈哒人结盟。嚈哒人在公元500年前后攻占了朱木拿河及恒河流域，笈多王朝灭亡。

嚈哒人的入侵对印度经济政治造成了严重破坏，笈多王朝的地方长官各自称王，印度再次分裂成许多小国。此后，印度的分裂状态持续了650多年。

笈多银币

笈多王朝从一个小国迅速扩张为地域广袤的大国，其货币制度是从占领地区继承而来的。

笈多王朝的货币主要是第纳尔金币，但在西部行省也有德拉克马银币流通。笈多王朝的西部行省原本是西萨特拉普王朝（公元35~405年）的领土，因此笈多王朝在西部行省制造和使用德拉克马银币。

公元前80年，塞克人南迁，经波伦（BOLAN）山口进入印度半岛中西部，后北扩至西北部旁遮普、恒河流域。公元1世纪末，塞克人以索拉什特拉为中心建立了20多个塞克小王朝，统称西萨特拉普王朝。西萨特拉普王朝实行银币和铜币并行的货币制度，没有制造金币。西萨特拉普王朝的货币主要是1德拉克马银币，重量为2克左右。此外，西萨特拉普王朝还有查柯铜币。

币34：鲁陀罗塞纳三世1德拉克马银币，公元368年生产，重量为2.1克，正面图案是国王头像，头后有婆罗米文"萨卡历290年"；背面图案是婆罗米文"大萨特拉普瓦

币34

米·鲁陀罗法曼之子·大萨特拉普国王瓦米·鲁陀罗塞纳"。

旃陀罗·笈多二世攻占了西萨特拉普后，将其作为笈多王朝的西部行省，保持了当地的货币制度，继续发行德拉克马银币。

币35：笈多王朝西部行省1德拉克马银币，公元415~455年生产，重量为2.0克，正面图案是西萨特拉普国王头像；背面图案是展尾金翅鸟，周围币文为婆

币35

罗米文"征服大地之王·鸠摩罗·笈多再降服上天"。

此时，笈多王朝的国王是旃陀罗·笈多二世的儿子鸠摩罗·笈多。笈多王朝在西部行省发行了德拉克马银币，而其他地区发行的货币则主要是第纳尔金币。

第纳尔币

除了继承西萨特拉普王朝的德拉克马银币制度，笈多王朝还继承了贵霜王朝的第纳尔金币制度。

贵霜王朝早期沿用希腊德拉克马银币。阎膏珍国王创建第纳尔金币制度之后，贵霜王朝的银币逐渐稀少，第纳尔金币成为主要货币，另外还有标准铜币。笈多王朝继承了贵霜王朝的货币制度，以第纳尔金币作为主要货币。笈多王朝的第纳尔金币重量为7.9克，出土较多，质量整齐规范。

币36：沙摩陀罗·笈多1第纳尔金币，公元350~370年生产，重量为7.9克，正面图案是国王站像，左方为金翅鸟柱头旗杆，国王右手抚祭坛，左手持权杖，币文为婆罗米文"英

币36

勇国王，所向无敌，百战百胜，再降上天"。国王左臂下币文为"沙摩陀罗"；背面图案是吉祥天女正面坐像，左上方有徽记，右侧币文为婆罗米文"英勇国王"。

笈多王朝继承贵霜王朝的金币制度，很少使用银币，因为其不仅受到贵霜王朝后期金币逐渐繁盛的影响，而且还受到拜占庭帝国金币逐渐繁盛的影响。

笈多王朝所处的时期是拜占庭帝国兴起及鼎盛时期。此时，拜占庭帝国国力强盛、货币制度稳定。拜占庭帝国实行索利多金币和米拉伦斯银币并行制度。索利多金币理论重量为1/72罗马磅，

米拉伦斯银币的理论重量也是 1/72 罗马磅，1 枚索利多金币法定
兑换 18 枚米拉伦斯银币。钱币金银比价为 1∶18，即 1 单位黄
金兑换 18 单位白银。这个制度显然高估了金币的价值，使拜占
庭帝国制造金币可以获得较大的利益，制造银币则出现亏损。所
以，拜占庭帝国的银币逐渐稀少，索利多金币成为主要货币。

　　拜占庭帝国的钱币金银比价经过长期发展，逐渐向其他国家
传导，影响着其他国家的钱币金银比价。于是，笈多王朝制造金
币的利益，也像拜占庭帝国一样，比制造银币更加有利可图。因
此，笈多王朝制造的银币逐步减少，制造的金币逐步增加。

　　笈多王朝以第纳尔金币作为主要货币，使用银币很少。但是，
金币贵重，难以作为日常的支付工具。因此，笈多王朝除了大量
制造第纳尔金币，还制造了铜币，作为辅币使用。

　　笈多王朝的铜币没有采用西萨特拉普王朝的查柯铜币，而是
采用贵霜王朝的标准（STATER）铜币，重量为 5.5 克。

币 37

　　币 37：笈多王朝标准铜币，
公元 376~415 年生产，重量为
5.5 克，正面图案是国王站像，身
后有一名矮人；背面是金翅鸟展
翅图像，下方币文为"室利·旃
陀罗·笈多大王"。

　　显然，这是旃陀罗·笈多二世时期的铜币，正面图案中的矮
人，应该是旃陀罗·笈多二世的继承人，背面币文中的"室利"
是"圣"的意思。有人认为，刻印金翅鸟图案是西萨特拉普王朝
钱币的风格。但是，我们看到，金翅鸟图案在沙摩陀罗笈多第纳

尔金币上也有出现。并且，笈多王朝的铜币采用标准铜币，而不是查柯铜币。因此，笈多王朝的铜币不是继承西萨特拉普王朝的查柯铜币制度，而是继承贵霜王朝的标准铜币制度。

在佛教中，金翅鸟又称"迦楼罗"，终生以龙为食，是力量的象征。旃陀罗·笈多二世时期的佛教正盛，金翅鸟是钱币上的常见图案。

二十三

莫卧儿王朝的
卢比银币

目前，印度共和国的货币单位是卢比。卢比这个货币单位是16世纪莫卧儿王朝时期创建的。

公元1526年，费尔干纳国王巴布尔的军队攻入旁遮普，打败了德里苏丹王国的最后一个王朝——洛提王朝的国王易卜拉欣，然后直取德里，建立了莫卧儿王朝（公元1526~1857年）。此后，莫卧儿王朝攻占了印度半岛北部的广袤地区，并开始使用卢比银币。历经了数百年的发展演化，卢比演化成为目前印度共和国的货币单位。

遥望泰姬陵

🎐 王朝初期

巴布尔出身王室，他的父亲米扎尔是突厥人，是帖木尔帝国的附属国费尔干纳的国王。据说，古代的大宛国就在费尔干纳，这里是出产汗血宝马的地方。巴布尔的母亲是成吉思汗的第十三代后裔，因此巴布尔有成吉思汗的血统。当他攻占北印度建立王朝时，就将王朝的名字定为"MUGHAL"（意为"蒙古"），中文译作"莫卧儿"。

公元 1530 年，巴布尔去世，他的儿子胡马雍继位。公元 1534 年，胡马雍率领军队攻打西印度，一个名叫舍尔沙的阿富汗人在孟加拉自立为王，并从背后攻打胡马雍驻扎的阿格拉城，使胡马雍险些丧命。

公元 1540 年，胡马雍与舍尔沙在曲女城展开决战，胡马雍惨败，逃离德里。胡马雍逃经旁遮普、信德，那里的兄弟们都不接纳他，所以他一路逃到了波斯。

舍尔沙占据了莫卧儿王朝的土地，统治着莫卧儿王朝的百姓。他建立了一套自上而下的行政管理制度，清丈了土地，创建了卢比银币制度，维持了一支庞大的军队。公元 1554 年，舍尔沙去世后，继承人争夺王位，舍尔沙建立的统治分崩离析。

公元 1555 年，胡马雍凭借波斯人的支持，回到了德里，重登莫卧儿王朝国王的宝座。第二年，他从石阶上失足坠落，意外身亡。他的儿子阿克巴继位。阿克巴是莫卧儿王朝最伟大的君王，他使印度成为当时世界上最繁荣、最富强的国家。

尽管阿克巴是莫卧儿王朝最伟大的君王，但是在现代人眼里，他的名字远不如他的孙子沙·贾汗那样众所周知。其实，沙·贾汗是一个平庸的国王，被他的儿子奥朗则布抢夺了王位，被囚禁至死。但是，人们对于莫卧儿王朝的了解，却是通过这位沙·贾汗国王的爱情故事入手的。沙·贾汗的名声不在他的文治武功，而是他修建了一座流芳百世的印度伊斯兰建筑瑰宝——他的妻子泰姬的陵墓，举世闻名的"泰姬陵"。

卢比诞生

在莫卧儿王朝建立之前,德里苏丹王国（公元1206~1526年）流通吉塔尔（JITAL）低银合金币和天罡（TANKA）银币。

德里苏丹王国是突厥和阿富汗军事贵族统治北印度的伊斯兰教区域性封建政权的统称，共存在了320年，先后有5个王朝。这5个王朝的都城都设在德里，因此被统称为德里苏丹王国。公元1526年，德里苏丹王国的最后一个王朝——洛提王朝被莫卧儿王朝取代。

吉塔尔原本是一种银币，起源于印度沙希王朝（公元850~1026年），终结于马杜赖苏丹王朝（公元1334~1378年），流通时间达500多年。吉塔尔的制造标准依循古希腊的德拉克马银币，正面图案是瘤牛，背面图案是骑像，这种图案在500多年里保持不变。

天罡币起源于德里苏丹王国，流通时间也很久。后来，孟加拉成为天罡币的主要使用地，塔卡是孟加拉语对天罡的称谓。此后，孟加拉人把钱币统称为塔卡。公元 1997 年，孟加拉国独立。此后，塔卡便成为孟加拉国的货币单位。

天罡这个名称有硬币的意思，梵语为"NANAKA TANKA"，在古印度历史上有许多货币都被称为天罡。天罡银币的理论重量应该与公元前 6 世纪吕底亚王国的斯塔特银币的理论重量一致，即 11 克左右，实际重量略低于 11 克。

莫卧儿王朝继承了德里苏丹王国的货币制度，继续使用吉塔尔银币和天罡银币。舍尔沙统治时期（公元 1540~1554 年），出现了卢比银币制度。

公元 1542 年，舍尔沙开始发行卢比（RUPIYA）。卢比这个名字来源于梵文"RAUPYA"，意思是银制品，一枚卢比银币的理论重量为 178 格令（GRAIN）。格令是英格兰 1 颗大麦的理论重量，折合现代的 0.0648 克。卢比银币的理论重量为 0.0648 × 178=11.53（克）。

币 38

币 38：阿克巴 1 卢比银币，公元 1571 年在阿格里造币厂生产，重量为 11.36 克，正面文字为清真言；背面文字为阿克巴名字及称号，方框右下角是伊斯兰历 979 年（公元 1571 年）。

莫卧儿王朝的货币体系主要由莫霍尔（MOHUR）金币、卢比银币和达姆（DAM）铜币构成。1 枚莫霍尔金币兑换 8 枚卢比银币，1 枚卢比银币兑换 40 枚达姆铜币。

🐲 发展演化

公元 1707 年，沙·贾汗的儿子奥朗则布去世，印度半岛又恢复了群雄割据的局面，莫卧儿王朝被贵族操纵，强盛时期到此结束。

莫卧儿王朝时期，西方殖民者陆续到来，各自建立殖民点，势力逐步强大，英国最后取得了印度半岛的控制权。

公元 1600 年，英国成立东印度公司。公元 1639 年，英国从印度土王手中取得马德拉斯管辖权；公元 1665 年，英国取得孟买管辖权；公元 1695 年，英国取得了孟加拉管辖权。于是，在欧洲各殖民国家的争斗中，英国成为印度半岛的霸主。

公元 1643 年，英国在马德拉斯首先发行了印度南方式金币。公元 1677 年，英国发行了孟买卢布银币。

公元 1717 年，莫卧儿王朝授权英国打制莫卧儿式"卢比"。公元 1717~1778 年，英国打制的孟买卢布银币逐步成为印度的通用钱币。

币 39：英国制造莫卧儿式孟买卢布银币，公元 1742 年生产，重量为 11.49 克，正面币文为波斯文"以穆罕默德沙的名义"；背面币文为波斯文

币 39

"打制于孟买"，5 瓣花造币厂印记，中间右侧是国王在位年代"25"（公元 1742 年）。

公元 1834 年，在莫卧儿王朝灭亡前夕，莫卧儿式孟买卢比银币的打制被停止。公元 1835 年，英国东印度公司发行了有英国国王威廉四世头像的 1 卢比银币。

币40

币 40：英国国王威廉四世 1 卢比银币，公元 1830~1837 年生产，重量为 11.66 克，正面图案是威廉四世面右头像，周围币文为英文"威廉四世国王"；背面图案是交叉叶环，币值为英文和波斯文"1 卢比"，周围币文为英文"东印度公司·1835"。

公元 1857 年，莫卧儿王朝灭亡，印度被英国统治。英国东印度公司对印度的侵占采用军事征服和建立藩属两种方式：直接统治三大管辖区称为"英属印度"；间接统治藩属国称"印度土邦"。印度土邦为数众多，曾达到 500 多个。

公元 1862~1947 年，英国在印度以英国政府名义制造货币，正面图案是英国国王（或女王）肖像。

公元 1945 年，第二次世界大战结束，印度人民民族独立运动兴起。公元 1947 年，印度和巴基斯坦分别获得独立。

公元 1950 年，印度首次发行新货币。新货币在价值、重量、金属等方面沿袭了旧币的制度，只是将货币正面刻印的英国国王肖像改为阿育王石柱柱头上的狮子图案，币文从英国国王名字改为"印度政府"。新货币的面额有 1 卢比、1/2 卢比、1/4 卢比等。

二十四

倭马亚王朝的
狄尔汗银币

倭马亚王朝（公元661~750年）是阿拉伯帝国的第一个世袭制王朝。倭马亚王朝的主要货币是狄尔汗银币（DIRHAM）。狄尔汗银币是古阿拉伯语对古希腊德拉克马银币的称谓，又被译作"迪拉姆"。公元750年，倭马亚王朝的领土达到了1340万平方千米，成为世界上领土最大的国家。因此，狄尔汗银币流传地域甚广，影响深远。直到今天，阿拉伯联合酋长国的货币单位仍然是狄尔汗（中文译作"迪拉姆"）。

倭马亚将士

🌀 倭马亚王朝

倭马亚王朝的前身是公元 622 年伊斯兰教"先知"穆罕默德在麦地那建立的伊斯兰教国家政权。

公元 632 年，穆罕默德去世，随即爆发了哈里发之争。哈里发是阿拉伯文音译，意思是代理人、继承人。穆罕默德之后，有 4 位哈里发相继成为他的继承人。第一位哈里发叫伯克尔（公元 632~634 年在位），是穆罕默德的朋友兼岳父；第二位哈里发叫欧麦尔（公元 634~644 年在位），也是穆罕默德的岳父；第三位哈里发叫奥斯曼（公元 644~656 年在位），是穆罕默德的女婿；第四位哈里发叫阿里（公元 656~661 年在位），是穆罕默德的堂弟、养子和女婿。

四位哈里发在位时期被称作"四大哈里发时期"。

四位哈里发在位时间都不长，原因是当时的暗杀活动猖獗。在四位哈里发中，除了伯克尔年龄过大，在位两年就病死了，其他三位哈里发都是被刺杀身亡的。公元 644 年，第二位哈里发欧麦尔被刺身亡，倭马亚家族的奥斯曼被选为第三位哈里发。奥斯曼担任哈里发的时候，大力扶持本家族成员在帝国境内担任军政要职。奥斯曼的堂侄穆阿维叶被委以重任。

此时，萨珊王朝在倭马亚王朝的不断打击下已经奄奄一息。公元 651 年，萨珊王朝的国王叶兹德古尔德被刺身亡，萨珊王朝灭亡。

公元 656 年，奥斯曼遇刺身亡，阿里继任。这时穆阿维叶已经是叙利亚总督，他对阿里的继任十分不满，遂引发了大规模的内战。公元 657 年，阿里统帅由 5 万名伊拉克人组成的军队，与由穆阿维叶统帅的叙利亚人组成的军队，在幼发拉底河右岸的绥芬平原展开了决战。公元 661 年，阿里被刺杀后，穆阿维叶镇压了反对者成为哈里发，建立了倭马亚王朝。

公元 679 年，穆阿维叶宣布其子叶齐德为哈里发继承人，从而废除了伊斯兰哈里发选举制度，阿拉伯帝国从此成为世袭王朝统治的封建国家。公元 750 年，倭马亚王朝的人口达到了 3400 万，古代中国称其为"大食"。倭马亚王朝的君主称为哈里发，治下有多个行省，行省总督称艾米尔，由哈里发任命，掌管全省军政大权，拥有相当大的独立性。

第纳尔金币

穆罕默德在位时期，阿拉伯伊斯兰教地区没有自己的货币。

公元 651 年，在阿拉伯军队的不断攻击下，萨珊王朝灭亡。同时，阿拉伯军队攻占了拜占庭帝国的许多地区。在前萨珊王朝的领土区域，阿拉伯人制造了刻印哈里发肖像的银币；在占领的拜占庭帝国部分领土区域，阿拉伯人制造了刻印哈里发肖像的金币和铜币。

公元 696~698 年，倭马亚王朝哈里发阿卜杜勒·马利克（公元 685~705 年在位）进行了货币改制，在占领的拜占庭帝国部分领地发行第纳尔金币取代了原有的拜占庭索利多金币；在占领的前萨珊王朝领地发行狄尔汗银币取代了原有的前萨珊王朝德拉克马银币。

倭马亚王朝在其占领的拜占庭帝国部分领地发行金币，没有采用拜占庭帝国金币的名称"索利多"，而是采用前萨珊王朝金币的名称"第纳尔"。倭马亚王朝金币第纳尔的法定重量，也没有采用拜占庭帝国索利多金币的法定重量4.54克（1/72罗马磅），而是采用了公元前4世纪亚历山大制定的德拉克马重量标准4.24克。

倭马亚王朝在占领的拜占庭帝国部分领地发行金币，既不采用拜占庭帝国金币的名称，又不采用拜占庭帝国金币的重量标准，原因是拜占庭帝国仍然存在，两国处于对峙局面，倭马亚王朝的币制需要与拜占庭帝国的币制相区别。

倭马亚王朝发行金币采用了前萨珊王朝金币的名称"第纳尔"，原因是萨珊王朝已经被消灭，倭马亚王朝的货币名称不再需要与萨珊王朝的货币名称相区别。

尽管采用了前萨珊王朝金币的名称，但是倭马亚王朝发行金币却没有采用前萨珊王朝金币的重量标准。

前萨珊王朝第纳尔金币的重量标准，继承的是贵霜王朝金币的重量标准，理论重量为1/40罗马磅，即8.175克，初期平均重量为7.93。公元3世纪初，萨珊王朝占领了贵霜王朝的大面积领土，继承了贵霜王朝的第纳尔金币制度。直到萨珊王朝被奥斯曼哈里发的军队攻灭，萨珊王朝第纳尔金币的重量仍在7克以上。

倭马亚王朝第纳尔金币的法定重量为4.24克，显然没有采用萨珊王朝第纳尔金币的重量标准，而是采用了公元前 4 世纪亚历山大制定的德拉克马重量标准。

🐉 狄尔汗银币

倭马亚王朝的主要货币不是第纳尔金币，而是狄尔汗银币。狄尔汗是古阿拉伯语对古希腊德拉克马的称谓。

古波斯地区以至中亚地区使用德拉克马银币的源头是亚历山大的入侵。公元前 4 世纪，亚历山大率领马其顿军队攻灭波斯帝国，占领了西亚大部分地区，从而形成了希腊化塞琉古王朝。塞琉古王朝使用德拉克马银币。公元前 3 世纪，帕提亚王朝（安息王朝）从塞琉古王朝的统治下独立出来，也使用德拉克马银币。公元 3 世纪，萨珊王朝取代帕提亚王朝，继续使用德拉克马银币。公元 651 年，倭马亚王朝取代萨珊王朝，德拉克马银币继续被使用，并被古阿拉伯语称作"狄尔汗"。

但是，倭马亚王朝狄尔汗银币却没有采用前萨珊王朝德拉克马的重量标准——古希腊阿提卡标准 4.37 克，而是只有 2.92 克。1 枚第纳尔金币法定兑换 15 枚狄尔汗银币，钱币金银比价为：

4.24 克黄金 =2.92 克白银 × 15

1 克黄金 =10.33 克白银

在这个比价条件下，制造金币的利益较小，所以，银币被大量制造。因此，倭马亚王朝的主要货币便成为狄尔汗银币。随着倭马亚王朝的军事扩张，狄尔汗银币制度被带到了世界各地，极大地影响了后世各国的货币发展演变。

公元 750 年，阿布·阿拔斯推翻了倭马亚王朝，建立了阿拔斯王朝（公元 750~1258 年）。阿拔斯王朝继续制造和使用狄尔汗银币。

公元 1258 年，成吉思汗的孙子、忽必烈的弟弟旭烈兀率领蒙古大军攻陷了巴格达，杀死了阿拔斯王朝的末代哈里发穆斯台绥姆，随后建立了伊尔汗国。伊尔汗国继续制造和使用狄尔汗银币。公元 1278~1355 年，狄尔汗银币的重量在刻意的调控下从 2.92 克下降至 0.84 克，银币的背面刻印了蒙古文字。

公元 1238 年，成吉思汗的孙子、旭烈兀的堂兄拔都率领 15 万蒙古大军袭击了莫斯科、弗拉基米尔等重要城市。公元 1240 年，拔都的大军攻占了基辅，基辅罗斯公国灭亡。蒙古人在东斯拉夫人集居地区建立了金帐汗国，开始了长达 200 多年的统治。金帐汗国的银币被称为"丹戈"。丹戈这个词源于波斯语，意思是微小物品的一部分，是蒙古人对阿拉伯狄尔汗银币的称谓。

公元 1380 年，莫斯科大公德米特里（公元 1359~1382 年在位）集结了 15 万军队，在顿河流域与蒙古军队展开激战。蒙古军队战败，金帐汗国从此一蹶不振。正在这一时期，德米特里大公仿照蒙古人的丹戈，制造了本土的银币——金戛，理论重量为 0.79 克，与同期伊尔汗国狄尔汗银币的重量大体一致。此后，金戛银币发展成为俄罗斯的主要货币。

古希腊的德拉克马传到阿拉伯成为狄尔汗，狄尔汗传到蒙古成为丹戈，丹戈传到俄罗斯成为金戛，金戛被刻印了手握长矛的骑士，就成为近代俄罗斯的长矛币——戈比。

二十五

德川幕府实行的
元禄改铸

经历了长达 600 年的"无铸币时代"[①]，日本终于迎来了金银货币化的曙光，在各地产生了分散各异的金银币制。到了德川幕府统治时期（公元 1603~1868 年），日本的金银币制逐步走向规范统一。在此过程中，德川幕府实行过一次重大的货币改革，史称"元禄改铸"。

幕府大将军

① 无铸币时代：公元 708~958 年，日本官方陆续铸行了 12 种金属货币，史称"皇朝 12 钱"。此后，公元 958~1573 年，日本官方没有铸行金属货币，史称"无铸币时代"。

🐲 德川幕府

公元 1603 年，中国明朝万历年间，努尔哈赤正在忙于统一女真的战争。日本的德川家康在江户建立幕府，成为日本的最高统治者，初步使日本摆脱了长期内乱，结束了战国时代，完成了国家统一。但是，德川幕府的直辖领地只占全国国土的 1/4，其余大部分国土被分割为 200 多个半独立的"藩国"。从此，日本进入由幕府和藩国共同实行军事专治统治时期。

由于德川幕府位于江户，所以德川幕府统治时期又称江户时代。德川幕府的统治一直延续到公元 1868 年武装倒幕战争，明治政府取代了德川幕府，并实行中央集权统治，江户改称"东京"为止。

德川幕府统治时期，东山天皇（公元 1687~1709 年在位）使用过两个年号：元禄（公元 1688~1703 年）和宝永（公元 1704~1710 年）。

元禄年间，日本中央集权性质的封建制度终于趋于完善，商品经济明显上升，城市人口逐步增加，小袖和服迅速普及，两餐制转为三餐制，席地而眠转为铺用榻榻米，商品交换繁荣，货币经济兴起。

日本的哲学家荻生徂徕在《政谈》中说：

以前农村的钱特别少，一切东西都不用钱而用米麦来买。这是我在乡下亲身经历过的。就近来的情况看，从元禄时代开始，钱在乡下也开始普及并被用来买东西了。

金属货币的普及使金、银、铜金属明显不敷使用，德川幕府实行货币改铸，通过减少货币中的金属含量，来扩大货币流通总量，并从中获取更多的铸币利益。

庆长币制

当德川幕府建立时，日本的货币制度是庆长（公元1596~1615年）币制。庆长三年（公元1598年），丰田秀吉病逝，德川家康很快就控制了国家权力。此时,日本各地早已采用"判"作为金币单位。通常的金币单位是"大判十两"和"小判一两"。银币不是数量货币，而是称量货币，主要形态为丁银和豆板银。德川家康对金银币制的规范统一，是从对金币小判的规范统一开始的。

庆长五年（公元1600年），德川家康将过去墨写币文的小判改为刻印币文,法定重量为4.8匁[①]。过去在金币上用墨写的币文容易模糊消失，此时改为在金币上刻印币文，可使币文长期保持清晰。

庆长六年（公元1601年),德川家康规定了金银货币的成色，以及大判、小判、分判及丁银、豆板银等货币种类。此时，德川家康主政下铸行的大判，重量为44匁，成色有50分和52分两

---

① 匁：日本的重量单位，1匁=3.75克。

种。成色 50 分是指每 1 匁中有 44 单位纯金和 6 单位杂质，即 44÷50=0.88（匁）纯金，以及 6÷50=0.12（匁）杂质。在这种成色下，大判的纯金量为 38.72（44×0.88）匁。成色 52 分是指每 1 匁中有 44 单位纯金和 8 单位杂质，即 44÷52=0.846（匁）纯金，以及 8÷52=0.154（匁）杂质。在这种成色下，大判的纯金量为 37.22（44×0.846）匁。

庆长八年（公元 1603 年），德川家康在江户建立幕府，史称德川幕府。庆长十年（公元 1605 年），德川幕府铸行一分判，即等于 1/4 小判的小额金币，法定重量为 1.2 匁。

早在室町时代（公元 1336~1573 年），法律规定大判十两的重量为 48 匁，小判一两的重量为 4.8 匁，10 枚小判一两的价值等于 1 枚大判十两，两者之间是 1∶10 的关系。到了庆长年间，小判一两的重量仍然是 4.8 匁，大判十两的重量却下降至 44 匁，成色也下降至 0.88 或 0.846。对于之间的差异，学术界有两种解释：一是此时大判十两与小判一两的成色出现差异，所以两者比价出现变化；二是大判十两的"两"已经不是小判一两的"两"。此时日本的"两"早已不是重量单位，而是货币单位。小判一两的"两"，是指 1 枚小判；大判十两的"两"，则是指 1 枚银币。10 枚银币兑换 1 枚大判十两。

于是，大判与小判之间的比率就脱离了 1∶10 的关系。两者在兑换时采用市场价格。日语中还出现了"情夫的七两二分"的说法，据说是为情人牵线的辛苦费，原则上为大判 1 枚或者小判 7.2 枚。

金币大判和小判是数量货币，德川幕府规定了它们的法定重量和法定成色。此时的银币却不是数量货币，而是称量货币。德川幕府没有规定银币的法定重量，而是规定了银币的法定成色。此时，银币为丁银和豆板银，丁银呈半圆柱形，重量为 43 匁左右，豆板银如大拇指或者豆粒般大小，是不规则圆形的小额银币。庆长年间银币的成色是纯银 80%，杂质 20%。

关于金银比价，庆长十四年（公元 1609 年），德川幕府颁布法令规定：

金币 1 两兑换银币 50 匁，兑换铜钱 4 贯。然而，1 两金币中含纯金 4 匁，丁银、豆板银中纯银和铜的比例是 8∶2，银币 50 匁中含纯银 40 匁，金银的兑换价格是 1∶10。[①]

金币是数量货币，两是金币的货币单位，所以要规定其含金量，即纯金重量 4 匁；银币是称量货币，使用重量单位匁，每枚银币含纯银 40 匁；铜钱是数量货币，4 贯是 4000 文，每文重量 1 匁，4 贯重量 4000 匁。

由此可见，当时日本的钱币金银比价是 1∶10，钱币银铜比价则是 1∶100。

元禄改铸

公元 1695 年（元禄八年）9 月，德川幕府实行货币改革，史称元禄改铸。元禄改铸是针对当时的庆长币制实行的货币改革。在庆长币制的基础上，德川幕府将大判的成色从 52 分下降到了

---

① 泷本诚一：《日本货币史》，马兰、武强译，中国金融出版社 2022 年版，第 66 页。

76 分。

成色 76 分是指每 1 匁中有 44 单位纯金和 32 单位杂质，即 44÷76=0.579（匁）纯金，以及 32÷76=0.421（匁）杂质。在这种成色下，大判的纯金量为 25.48（44×0.579）匁。

与庆长币制相比，元禄币制大幅度地降低了货币中的金银含量。此时，在庆长币制中，金币的成色为 52 分，含金率为 84.6%。元禄改铸后，金币的成色下降至 76 分，含金率为 57.9%。此时，在庆长币制中，银币的含银率为 80.0%。元禄改铸后，银币的含银率为 64.0%。

元禄改铸金银币金属含量比照 单位：%

	纯金	纯银	杂质	变化幅度
庆长金	84.6	15.3	0.1	
元禄金	57.9	41.7	0.4	−31.6
庆长银		80.0	20.0	
元禄银		64.0	36.0	−20.0

对金币降低纯金含量，增加纯银含量，金币的颜色就发生了变化。为了增强百姓使用新金币的信心，元禄改铸后的金币在铸造流程中增加了一道工序——上色。将硝石、薰陆、绿矾、胆矾、食盐充分研磨，再加入梅腊，用来涂在新币上，用炭火烤后再用食盐充分磨合，食盐中的氯与银化合而成为氯化银，将氯化银敲掉，新金币表面就只剩下金的成分，低含金量的新金币就与高含金量的旧金币一样闪闪发光。

但是，无论怎样对新币的品位实行保密，无论怎样对新币表面加以粉饰，百姓还是能够分辨出新旧金银币的良劣，并把质量高的旧币收藏起来，把质量低的新币花费出去，由此产生了劣币驱逐良币的现象。

幕府实行货币改革的目的是解决金银金属短缺、不敷使用的问题。并且，幕府财政困难，需要通过改铸货币，获取更多的铸币收入。但是，事与愿违，在元禄改铸之后，金银金属更加短缺。原因是百姓把质量高的旧币收藏了起来，使幕府无法回收旧币，造成改铸新币的原料不足。旧币退出流通，新币生产不出来，市场上的金银币流通总量更加短缺。元禄改铸没有解决金银金属短缺的问题，反而加剧了金银金属的短缺。

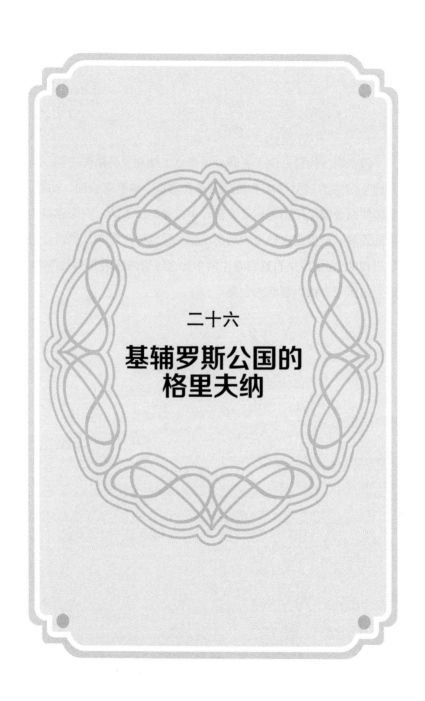

二十六

基辅罗斯公国的
格里夫纳

俄罗斯古代只有两个王朝：留里克王朝和罗曼诺夫王朝。最早建立国家的是留里克王朝，国家名称是基辅罗斯公国。初期，基辅罗斯公国使用白银称量货币，单位是格里夫纳。白银称量货币的发展，产生出以格里夫纳为单位的银锭——卢布。然而，最早出现的、在俄罗斯百姓日常生活中普遍流通的钱币并不是卢布，而是仿照蒙古银币制造的金戋。

基辅罗斯

古罗马历史学家普林尼在《自然史》中提到，在维斯瓦河一带居住着维内德人；古罗马历史学家塔西陀在《日耳曼尼亚志》中也提到，居住在日耳曼人东边的居民是维内德人。

当哥特人进入维内德人集居地区的时候，一些维内德人被哥特人抓去卖到罗马，被称为斯拉夫。斯拉夫在拉丁语中的意思就是奴隶。久而久之，维内德人消失了，出现了一个被称为斯拉夫的民族。

自公元 1 世纪起，斯拉夫民族逐步分为两大分支，东斯拉夫和西斯拉夫。东斯拉夫包括俄罗斯人、乌克兰人和白俄罗斯人；西斯拉夫包括波兰人、捷克人、斯洛伐克人、塞尔维亚人、克罗地亚人、斯洛文尼亚人、黑山人、保加利亚人。在欧洲民族大迁徙时期，斯拉夫人大批南迁，进入多瑙河流域和巴尔干半岛，并同化了当地居民，至公元 6~7 世纪，形成了南斯拉夫人。

东斯拉夫人有许多部落，相互攻伐。于是，东斯拉夫人求助于北方维京人的帮助。

公元 8~10 世纪，维京人活跃在北欧地区，芬兰人称他们为罗斯人，意思是北方人，或者是精通航海的人。据说，维京人具有较强的战斗力。此外，他们还能经商，被称为瓦良格人，意思是商人。

公元 9 世纪，东斯拉夫的诺夫哥罗德贵族请来北方的维京人帮助作战。一伙被称为罗斯人或瓦良格人的军队，首领叫留里克，来到了诺夫哥罗德。这个留里克来了就不走了，自命为诺夫哥罗德大公，在这里开启了长达 700 多年的"留里克王朝"。

留里克的继承人奥列格具有军事才能，他率领军队向南发展，攻下基辅，将统治中心从诺夫哥罗德迁到基辅，成为第一任基辅大公，建立了基辅罗斯公国。

从此，这里生活的百姓被称为罗斯人（Rus）。西欧民族则将罗斯人集居的地方称作露西亚（Russia）。

格里夫纳

格里夫纳是个重量单位，应该是两捧植物果实的重量。

与古代的苏美尔人、波斯人、中国人、古埃及人、古印度人、古希腊人、古罗马人一样，斯拉夫人也采用两捧植物果实的重量作为重量制度单位标准，1 格里夫纳的重量为 409.54 克。

两捧植物果实的重量作为重量制度单位标准，在长期的历史演变过程中是不断变化的。这个重量制度单位标准在不同时期、不同地区、不同国度，有不同的表现，并且有逐步减重的趋势。例如，苏美尔人和波斯人两捧大麦重量单位"弥那"为 500 克；中国人两捧黍米重量单位"两斤"为 500 克，古埃及人两捧大麦重量单位"40 班加"为 500 克；古印度人两捧野甘草籽重量单位"40 苏瓦纳"为 548.2 克。古希腊时期，弥那重量单位转化为 100 德拉克马，降低到 437 克。古罗马时期，弥那重量单位转化为 1 阿斯或者 1 罗马磅，降低到 327 克。东斯拉夫人的重量单位为格里夫纳，或称俄罗斯磅，重量则为 409.54 克。

初期，格里夫纳是白银称量单位。格里夫纳虽然不是数量货币，其作为价值尺度和流通手段的货币职能，却有法律明文规定。简编《罗斯法典》第一部分：《雅罗斯拉夫法典》第 5 条规定：

如果某人致伤他人的手，使手断落，或者丧失机能，凶手应支付四十格里夫纳。[①]

《罗斯法典》是古代罗斯国家的法律汇编，产生于公元 11~12 世纪。雅罗斯拉夫（公元 1016~1054 年在位）是留里克王朝历史上著名的大公。在《雅罗斯拉夫法典》的总共 18 个条文中，使用格里夫纳白银货币单位作为处罚计量的地方有 16 处。除了格里夫纳白银货币单位，在《罗斯法典》中还出现了格里夫纳的一些分量货币单位：诺卡达、库纳和列查那。1 格里夫纳等于 20 诺卡达，或者 25 库纳，或者 50 列查那。

在简编《罗斯法典》第二部分：《雅罗斯拉维奇法典》的 25 个条文中，使用白银货币单位作为处罚计量的地方有 47 处，其中使用格里夫纳的地方有 20 处、使用诺卡达的地方有 5 处、使用库纳的地方有 9 处、使用列查那的地方有 10 处、格里夫纳与列查那联用的地方有 3 处。

《雅罗斯拉维奇法典》是雅罗斯拉夫 3 个儿子共治时期的法典，立法目的在于恢复公元 1068 年被城市人民起义破坏的王公领地的秩序。

---

① 王钺：《罗斯法典译注》，兰州大学出版社 1987 年版，第 7 页。

🐉 钱币诞生

最初，基辅罗斯公国使用白银称量货币，单位是格里夫纳。公元 13 世纪，白银称量货币的发展，产生出以格里夫纳为重量标准的银锭，被称为格里夫纳，后被称为卢布。

公元 1238 年，成吉思汗的孙子拔都率领 15 万蒙古大军袭击了莫斯科、弗拉基米尔等重要城市。

正当蒙古大军横扫基辅罗斯公国南部广袤地区的时候，北方诺夫哥罗德仍然保持着相对的稳定，并作为连接东西方贸易的中心，接受着从西方源源不断运来的白银。这时候，人们开始将格里夫纳银锭分割成两个部分，每部分称为半卢布。卢布这个词的词根意思是"分割"，而分割的结果是半卢布。于是，分割前的银锭就被称为卢布。从此，格里夫纳银锭又被称为卢布。

蒙古人在东斯拉夫人集居地区建立了金帐汗国，开始了长达 200 多年的统治，但仍然保持着当地公国大公的政治制度。蒙古语中很少有以辅音 R 开头的词，一般要在 R 前加上相应的元音 O，才能发音讲出来。于是，罗斯在蒙古语中就被译为 Orus（俄罗斯）。金帐汗国向俄罗斯各地大公征收贡品，采用银锭作为征收货币。

公元 1251 年以后，金帐汗国的可汗开始制造自己的钱币。可汗的银币被称为丹戈。丹戈这个词源自波斯语，意思是微小物品的一部分，是蒙古人对阿拉伯银币狄尔汗的称谓，平均重量与狄尔汗接近，为 1~1.5 克。①

---

① ［俄］B. 杜利耶夫：《俄罗斯货币史》，丛凤玲译，法律出版社 2019 年版，第 17 页。

金帐汗国统治俄罗斯时期，莫斯科大公伊凡一世（公元1325~1340年在位）为金帐汗国向俄罗斯各地征集贡赋，从而使莫斯科公国逐步富裕起来。

公元1380年，莫斯科大公德米特里（公元1359~1382年在位）集结了15万军队，在顿河流域与蒙古军队展开激战。蒙古军队战败，金帐汗国从此一蹶不振。正在这一时期，德米特里大公仿照蒙古人的丹戈，制造了本土的银币——金戛，理论重量为0.79克。

在伊尔汗国，此时的狄尔汗的重量已经下降至0.84克。

蒙古人建立了伊尔汗国，在公元1278~1355年，迪拉姆的重量在刻意的调控下从2.85克降至0.84克。[①]

在这里，狄尔汗又被译为"迪拉姆"。

德米特里制造的金戛很少，没有能够形成广泛的流通，直到他的孙子瓦西里大公执政时期，金戛才被大量制造出来。

币41：德米特里金戛银币，公元1380年莫斯科大公国生产，重量为0.79克，正面图案是手握军刀的人或者公鸡，周围币文为"Печатьвеликогокнязя Дмитрия"

币41　金戛银币

（德米特里大公印），背面图案是鞑靼币文，币文中有脱脱迷失

---

① ［德］伯纳德·克鲁格：《世界钱币2000年》，杜涵译，中国友谊出版公司2021年版，第66页。

可汗的名字。

15世纪，莫斯科金戛的重量持续降低。伊万三世（公元1462~1505年在位）统治末年，莫斯科金戛的重量减轻了一半。相比之下，诺夫哥罗德金戛的重量十分稳定，重量为0.79克。

公元1535年，叶琳娜·格林斯卡娅（公元1533~1538年为摄政太后）改革币制的时候，莫斯科金戛的理论重量为0.34克，纹饰为手握马刀的骑士，被称为马刀币；诺夫哥罗德金戛理论重量为0.68克，纹饰为手握长矛的骑士，被称为长矛币。马刀币与长矛币的兑换比例是2∶1。

诺夫哥罗德金戛的绰号"长矛币"流行甚久，到了17世纪，被改称为戈比，"戈比"的意思是长矛币。

二十七

世界古代的
记账金属货币

世界古代金属货币流通时期，货币可以分为两种存在形式：一种是实体金属货币，另一种是记账金属货币。

　　实体金属货币表现为金属物质本身，可以进行实体支付；记账金属货币体量微小，难以实体的形式存在，表现为人与人之间债权债务的量化数额，积累到一定体量时，才可以进行实体支付。

❀ 称量单位

称量货币时代，金属称量货币具有两种存在形态：一种是实体金属称量货币，另一种是记账金属称量货币。记账金属称量货币单位表现为称量单位。这个称量单位非常微小，以致金属称量货币难以在这个微量上作为实体存在。

最早的金属货币表现为金属称量货币。金属称量货币的长期发展演化，产生了金属数量货币。

公元前 24 世纪，西亚两河流域南端的格拉什城邦出现了一个称量单位舍客勒。在当地的苏美尔文中，舍客勒的意思是称量，是两把麦子的重量。

公元前 22 世纪末期，一位名叫乌尔纳姆的苏美尔人使用武力统一了两河流域，建立起了一个苏美尔人的政权——乌尔第三王朝。在乌尔纳姆颁布的法典中，不仅有舍客勒作为金属称量货币单位，而且还有相当于 60 舍客勒的金属称量货币单位弥那。在苏美尔文字中，弥那的意思是计算，是 60 个"称量"的总和，又是两捧麦子的重量。

一把麦子 90 颗，每颗重量为 0.0463 克，总重为 4.167 克。两把麦子共 180 颗，总重为 8.33 克，便是 1 舍客勒的重量。60 舍客勒等于 1 弥那，相当于 10800 颗麦子，总重为 500 克。

苏美尔人实行白银称量货币制度，白银作为实体金属称量货币在交易中进行实体支付。实体金属称量货币产生不久，就出现了非常微小的金属称量货币单位——色。色是一颗麦粒重量的白银，作为称量货币单位使用，被记载在公元前 20 世纪中叶埃什嫩那王国实行的《俾拉拉马法典》里。

《俾拉拉马法典》第 7 条规定：

刈麦者雇用之费为大麦二苏图；倘以银计，则其雇用之费为十二色。

《俾拉拉马法典》第 11 条规定：

一个雇工之用费为银一舍客勒，其吃饭费用为银一色，雇工应服务一个月。

刈麦者的工资是每天 12 色白银，月工的饭费是每天 1 色白银。1 色白银这样微小重量的颗粒是难以精确切割的，作为金属称量货币单位，1 色白银不能够实体存在，只能作为一种记账单位被人们使用。

这时，记账金属称量货币单位"色"是称量单位，重量为 0.0463 克。

数量单位

到了数量货币时代，记账金属货币单位不再是称量单位，而是数量单位。称量货币时代的记账金属货币单位是称量产生的客观尺度，而数量货币时代的记账金属货币单位则是法律规定的主观尺度。

公元前 7 世纪，经历了 1500 多年的发展演化，金属称量货币终于产生出金属数量货币，称量货币时代转入数量货币时代。从此，货币形态从单一称量货币流通转向称量货币与数量货币并行流通。

金属数量货币是将一定称量的金属按照一定的形制制造而成的金属块，交易时不必称量，按照个数进行支付。

在数量货币时代，金属数量货币有两种存在形态：一种是实体金属数量货币，另一种是记账金属数量货币。

实体金属数量货币表现为形制规范的金属块，可以按照个数进行支付；记账金属数量货币则以其他金属数量货币为载体，由其载体代表若干枚记账金属数量货币的价值总和进行支付。

拜占庭帝国前期，轻重大小差距悬殊的弗里斯铜币混合在一起流通。公元 498 年，利奥王朝的最后一任皇帝阿纳斯塔修斯实行了货币改制，结束了轻重、大小不同的弗里斯铜币混合流通的局面。阿纳斯塔修斯采用希腊字母记数法，为轻重、大小不同的弗里斯铜币刻印了明确的面额，从而在轻重、大小不同的弗里斯铜币之间建立了法定比价。阿纳斯塔修斯的弗里斯铜币主要有四种：1 弗里斯铜币，背面刻印字母 M，表示 40 枚努姆斯的价值，重量为 15~20 克；1/2 弗里斯铜币，背面刻印字母 K，表示 20 枚努姆斯的价值；1/4 弗里斯铜币，背面刻印字母 I，表示 10 枚努姆斯的价值；1/8 弗里斯铜币，背面刻印字母 ∈，表示 5 枚努姆斯的价值。

这里，努姆斯是记账金属数量货币，依附于载体——弗里斯铜币。努姆斯原本是实体金属数量货币，是意大利半岛上的埃特鲁里亚人最早打制的银币，单位是努米（NUMMI），努姆斯（NUMMUS）是努米的复数形式。

公元前 5 世纪，据说来自小亚细亚半岛的埃特鲁里亚人，在意大利半岛上开始打制努米银币。努米银币的重量标准与公元前 6 世纪小亚细亚半岛上的斯塔特银币一样，大约为 11 克。罗马共和国时期，罗马人使用努姆斯这个词来表达"标准货币"，如将标准银币"狄纳里"称为"NUMMUS DENARRIUS"（标准狄纳里）。

公元 294 年，罗马帝国皇帝戴克里先实行货币改制，创建了一种银铜合金币，后世称为弗里斯（FOLLIS），当时应该称为"努姆斯"，意思是标准狄纳里。这种弗里斯的金属成分与此前的狄纳里相同，主要使用铜金属制成，重量为 1/32 罗马磅，即 10.22 克，1 枚弗里斯兑换 10 枚狄纳里。

此后，弗里斯的制造日益滥恶，只好用于代表若干枚努姆斯的价值。于是，努姆斯作为记账金属数量货币，以弗里斯为载体，充当了价值尺度和流通手段的货币职能。

法定价值

金属称量货币依靠币材本身金属价值行使货币职能；金属数量货币具备了依靠发行者信用和法律强制力量行使货币职能的能力。

记账金属数量货币单位是数量单位——枚。1 枚记账金属数量货币的价值是多少、与载体金属数量货币的比价是多少，并不完全依靠其代表的金属价值，而是依靠发行者的信用和法律的规定。例如，拜占庭帝国法律规定，1 弗里斯代表 40 枚努姆斯的价值行使货币职能。

努姆斯记账金属数量货币依附在弗里斯载体上行使货币职能的情形延续了 200 多年。自公元 498 年阿纳斯塔修斯创建 1 弗里斯代表 40 枚努姆斯行使货币职能的弗里斯面额制度，至君士坦丁五世时期（公元 741~775 年），这个制度才宣告终结。

朝廷法定记账金属数量货币价值的制度，不仅在世界西方拜占庭帝国发生，在世界东方的大唐王朝也有发生。

公元 758 年（唐肃宗乾元元年），正值唐朝组织军队围剿安史叛军之时，铸钱史第五琦奏请铸行"乾元重宝"铜钱。1 枚乾元重宝代表 10 枚开元通宝行使货币职能。公元 759 年，第五琦又制造了法定兑换 50 枚开元通宝的重轮乾元重宝，引发了严重的通货膨胀，市场上的粮食等物资被官兵用大钱洗劫一空，许多百姓被饿死。

于是，唐肃宗将第五琦罢官并赶出朝廷，要求百官研究钱币改制的问题。百官经过讨论，认为乾元重宝虽然问题严重，却不宜立即销毁更铸。

《新唐书·食货》云：

肃宗以新钱不便，命百官集议，不能改。上元元年，减重轮钱以一当三十，开元旧钱与乾元当十钱，皆以一当十，碾磓罢受，得为实钱，虚钱交易皆用当十钱，由是钱有虚实之名。[1]

---

① 《新唐书》卷五四《食货四》第 1387 页。

唐肃宗认为新钱不便于流通，命令百官共同讨论，讨论的结果是不能废除新钱。上元元年（公元 760 年），朝廷将重轮乾元重宝减值为 1 枚法定兑换 30 枚开元通宝，开元通宝旧钱和乾元重宝当十钱，仍然保持 1 枚法定兑换 10 枚开元通宝。买卖支付，需要用实钱；交易定价，一律用当十钱。从此，铜钱有了虚钱和实钱的区别。

唐肃宗创建了开元通宝记账金属数量货币。这种货币不以实体存在，而是依附在乾元重宝、重轮乾元重宝和开元通宝旧钱三种钱币载体上行使价值尺度的货币职能。

作为实体金属数量货币，1 枚开元通宝旧钱法定代表 10 枚记账金属数量货币——开元通宝，行使货币职能。这是一个非常奇怪的安排，让人很难理解。不久，随着安史之乱的结束，开元通宝记账金属数量货币被废弃不用。唐王朝修订法令，让三种实体金属数量货币——乾元重宝、重轮乾元重宝和开元通宝旧钱，皆以 1∶1 的兑换比率在市场中流通。

二十八

矮子丕平的
加洛林便士

欧洲最早发行的便士产生于法兰克王国加洛林王朝的创建者矮子丕平（PEPIN THE SHORT，公元751~768年在位）统治时期。早期便士宽而薄的样式源自阿拉伯帝国的狄尔汗（又译作"迪拉姆"）银币。加洛林便士是一种银币，重量恰好等于半个狄尔汗银币。法兰克人征服意大利和德国后，便士制度向更加广阔的地区传播开来，甚至被英格兰和斯堪的纳维亚（SCANDINAVIA）地区的人们效仿。

给矮子丕平加冕

矮子丕平

公元476年，西罗马帝国灭亡。经过数年战乱，公元481年，克洛维在巴黎建立了法兰克王国。克洛维建立的家族世袭王朝，史称"墨洛温王朝"（公元481~751年）。

矮子丕平出生在法兰克王国的权臣家庭，祖父和父亲都是墨洛温王朝晚期权倾朝野的宫相。公元751年，矮子丕平继任宫相后，在罗马教皇的支持下，把墨洛温王朝的末代国王希尔德里克三世送进修道院，自己做了国王，建立了加洛林王朝（公元751~911年）。罗马教皇派大主教来到巴黎为矮子丕平加冕。

公元753年，伦巴第人威胁罗马，教皇斯蒂芬二世冒着风雪，翻过阿尔卑斯山脉前往法兰克王国向矮子丕平求援，亲自为矮子丕平涂圣油、再次加冕，并当众宣布今后禁止任何人从非加洛林家族中选立国王，违者将受到剥夺神职、逐出教门的处罚。作为回报，公元754~756年，矮子丕平两次出兵意大利打败伦巴第人，将夺得的领土自拉文纳至罗马之间的"五城区"赠给教皇。此事件就是被基督教世界称颂千余年的"丕平献土"。从此，在意大利中部，一个政教合一的"教皇国"存在了1100多年。

公元768年，矮子丕平驾崩，此时的法兰克王国已经是西欧最强大的国家，这个国家被矮子丕平的两个儿子——查尔斯和卡洛曼瓜分。公元771年，卡洛曼猝然去世，29岁的查尔斯成为法兰克王国唯一的君主——查理大帝（CHARLES THE GREAT，公元771~814年在位），又被称为查理曼大帝。

查理曼大帝能征善战，在位44年，打了55场战争，控制了大半个欧洲。公元800年，罗马教皇利奥三世加冕查理曼大帝为"罗马人的皇帝"。查理曼大帝在行政、司法、军事制度以及经济制度等方面都有杰出的建树，并大力发展文化教育事业。他推进了欧洲文明，将文化重心从地中海希腊一带转移至欧洲莱茵河附近，因此被尊称为"欧洲之父"。

公元814年，查理曼大帝去世，他的儿子虔诚者路易继位。公元840年，虔诚者路易去世，他的三个儿子打起了内战。公元843年，虔诚者路易的三个儿子签订了凡尔登条约，将法兰克王国分为西法兰克王国（法兰西王国）、中法兰克王国（意大利王国）和东法兰克王国（德意志第一王国）。

矮子丕平家族世袭统治的法兰克王国，制度建设颇丰，深深地影响了整个欧洲。

便士银币

矮子丕平不仅建立了加洛林王朝，而且还创建了便士银币制度。通过这个便士银币制度，法兰克王国的货币制度乃至重量制度，与当时统治地域最为广袤的国家——阿拔斯王朝的相关制度实现了接轨。

便士银币（PENNIES）是使用便士量（PENNYWEIGHTS）白银制造的银币。也就是说，1枚便士银币的理论重量是1便士量。

在金衡制中，1金衡磅的重量为373克，等于12金衡盎司，

240 便士量。1 盎司的重量为 31.08 克，1 便士量的重量为 1.56 克。

在银衡制中，1 银衡磅重量为 350 克，等于 12 银衡盎司，240 银衡便士量。1 银衡盎司重量为 29.17 克，1 银衡便士量重量为 1.46 克。

如果把金衡磅 373 克分成 16 份，1 份的重量是 23.3 克；如果把银衡磅 350 克分成 15 分，1 份的重量也是 23.3 克。很明显，金衡磅与银衡磅的关系是 16∶15，即 1 银衡磅等于 15/16 金衡磅。金衡磅与银衡磅之间的差异是 1/16，应该是税的数额。

直到近代，欧洲仍有一个很小的重量单位称作格令（GRAIN），是一颗麦粒的重量，标准为 0.0648 克。将 1 颗麦粒的重量当作最基本的重量单位的制度，起源于西亚两河流域的苏美尔城邦。苏美尔城邦的麦粒重量单位被称作色，重量为 0.0463 克，比欧洲格令的重量小了许多。

我们再回到法兰克王国的重量制度。

在金衡制中，1 便士量等于 24 格令，即 0.0648 克 ×24=1.56 克；在银衡制中，1 银衡便士量等于 22.5 格令，即 0.0648 克 ×22.5=1.46 克。

加洛林王朝的铸币税是 1/16，使用 1 金衡磅（373 克）的白银制造银币，扣除 1/16 铸币税，就剩下 1 银衡磅（350 克）重量的银币。1 银衡磅等于 12 银衡盎司，1 银衡盎司重量 29.17 克，可以制造 20 枚便士银币，1 便士银币理论重量为 1.46 克。

矮子丕平建立加洛林王朝的时候，世界版图最大的国家倭马亚王朝刚刚被阿拔斯王朝所取替。矮子丕平创建的货币制度和重量制度，与阿拔斯王朝的相关制度实现了接轨。

阿拔斯王朝的重量单位是阿拉伯磅，重量为 350 克，与加洛林王朝的银衡磅完全一致。1 阿拉伯磅等于 12 阿拉伯盎司，1 阿拉伯盎司重量为 29.17 克，可以制造 10 枚狄尔汗银币，1 枚狄尔汗银币理论重量为 2.92 克，正好是矮子丕平便士银币重量的 2 倍。

矮子丕平便士银币的理论重量为 22.5 格令，即 1.46 克，实际重量减去大约 2.5 格令的制造成本，重量只剩下 20 格令，即 0.0648 克 ×20=1.30 克。

回归罗马

如果说矮子丕平的货币制度和重量制度与阿拉伯帝国阿拔斯王朝的相关制度实现了接轨，那么，他的儿子查理曼大帝的货币制度和重量制度又回到了罗马帝国的传统轨道上。

矮子丕平的儿子查理曼大帝更加好大喜功，除频繁地发动战争外，在建立制度方面也颇有建树，他进行了更为彻底的货币改革，将他父亲的货币制度和重量制度改回罗马帝国的传统轨道上。原因很简单，查理曼大帝被教皇加冕为罗马人的皇帝，当然要强调罗马制度，而不是与阿拉伯世界接轨。

在重量制度方面，查理曼大帝放弃了与阿拉伯磅一致的银衡磅，创建了查理曼大帝磅，重量为 409 克。查理曼大帝磅与罗马磅相联系，0.8 查理曼大帝磅等于 1 罗马磅：409 克 ×0.8=327 克。

公元 793 年，查理曼大帝将便士量从他父亲规定的 22.5 格令（每格令 0.0648 克）改为 32 查理曼大帝格令（每格令 0.0532 克）：0.0532 克 ×32=1.70 克。

在这个制度下，查理曼大帝格令的重量为 0.0532 克；查理曼大帝便士量的重量为 1.70 克；查理曼大帝盎司的重量为：1.703

克 ×20=34.06 克; 查理曼大帝磅的重量为:34.06 克 ×12=409 克。

在货币制度方面, 查理曼大帝便士银币的理论重量不再是半个狄尔汗。阿拉伯帝国狄尔汗银币的重量为 2.92 克, 矮子丕平的便士银币是半个狄尔汗的重量, 即 1.46 克。查理曼大帝便士银币的理论重量改为半个狄纳里。罗马帝国狄纳里银币的理论重量是 1/96 罗马磅, 即 3.40 克; 查理曼大帝便士的理论重量是半个狄纳里, 即 1/192 罗马磅, 折合 1.70 克。

从此, 矮子丕平创建的半个狄尔汗重量的便士银币 (重量为 1.30 克) 被查理曼大帝创建的半个狄纳里重量的便士银币 (重量为 1.70 克) 所取代。

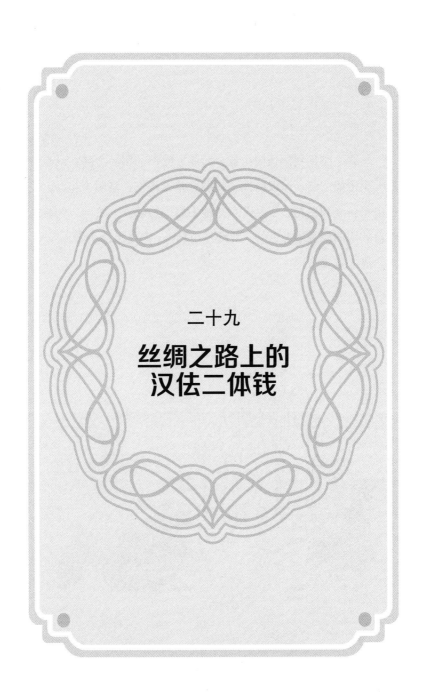

二十九

丝绸之路上的
汉佉二体钱

丝绸之路是我国通向中亚、西亚、欧洲的贸易之路，也是中西文化传播之路。东汉时期，丝绸之路以长安、洛阳为起点，经甘肃、新疆到贵霜、安息，直达地中海周边的罗马帝国。丝绸之路自敦煌向西分南北两线，北线经由乌孙；南线经由于阗、莎车，向西进入贵霜帝国。

取经的路上

佉卢文字

汉佉二体钱是汉代西域于阗、莎车一带流通的铜钱，兴起于西汉，繁盛于东汉。两汉王朝皆视于阗、莎车为藩邦属国，此二地作为中原与西方诸国的结合部，是东西方贸易、经济、文化交往的重镇。

在这样一个连接东西方各国的节点，当地流通的钱币，便是汉佉二体钱——刻印汉文和佉卢文两种文字的铜钱。在价值尺度规范方面，汉佉二体钱起到了连接东西方各国不同钱币制度的中介作用。

佉卢文是中国新疆地区最早使用的民族古文字之一，又名"佉卢文""佉楼书"。佉卢文是梵语"佉卢虱吒"一词的简称，该名出于古代佛经译本，意为"驴唇"。后经学者考证，佉卢文最原始的意义正是"像驴唇形状的文字"。

佉卢文字起源于古代犍陀罗，是公元前 3 世纪印度孔雀王朝阿育王时期的文字，被称为"Kharosthi"（佉卢虱底文），最早在印度西北部和今巴基斯坦、阿富汗一带使用。公元 1~2 世纪，佉卢文在中亚地区广泛传播。东汉时期，随着贵霜帝国的日趋瓦解，贵霜难民迁入塔里木盆地，佉卢文开始在于阗、鄯善等地传播。公元 4 世纪中叶，随着贵霜帝国的灭亡，佉卢文逐步衰落，但在丝绸之路各地仍有使用。公元 7 世纪，佉卢文彻底成为无人能识的文字。公元1837年，英国学者普林谢普解读了佉卢文字。

佉卢文可能是在公元前波斯人统治印度次大陆西北部时从阿拉米字母演变而来的。但是，迄今为止，人们还没有发现这种演变的确实证据。佉卢文字产生的时间与印度婆罗米文字产生的时间相近。但是，婆罗米文字在印度和东南亚的许多文字中派生，而佉卢文没有后继文字，并且最后被婆罗米文字取代。

佉卢文使用时正是佛教发展时期，有许多佛经是用佉卢文记载的，并通过丝绸之路向中亚和中国西部流传。公元1994年，大英图书馆接受捐赠世界最早佛教贝叶经，是自阿富汗出土的、使用公元1世纪佉卢文字书写的。

在中国境内，有两种佉卢文字系统：一种是表示于阗语的，另一种是表示鄯善语的。新疆发现的佉卢文资料主要有四种：国王的敕令、官方与私人的信札、各种契约手卷、少量的户税簿籍。佉卢文最先传到于阗。但是，于阗使用的语言不适合使用佉卢文。所以，佉卢文在于阗的民间不通行，只在贵族和宗教人士之间使用。然而，佉卢文在鄯善却得到了广泛的应用。

二体铜钱

二体铜钱在这里意指兼用两种文体刻印币文的铜钱。一般来说，一种铜钱只刻印一种文体，属于一个国家或者一种民族发行使用的钱币。然而，在丝绸之路上，在东西方国际贸易的结合部上，出现了同时适用于东西方使用的钱币，兼有东西方的文字。

币42：汉佉二体钱又称"和田马钱"，正面图案是马，周围币文为佉卢文；背面图案是汉字，铭文为钱币金额。

币42 汉佉二体钱

汉佉二体钱有两个源头：一个是贵霜钱币，另一个是汉朝钱币。

因为源自贵霜钱币，所以汉佉二体钱的币文保持着贵霜钱币的风格。许多种类的贵霜钱币上刻印"大王"（拉丁语转译佉卢文是"Maharayasa"）的称谓，汉佉二体钱上的佉卢文也经常有"大王"的币文。

这个称谓，既受希腊传统的影响，又受印度传统的影响。

希腊语和梵语同属于印欧语系。在印欧语系中有一个共同的词根"maga"，表示伟大的意思。在希腊语中，这个词是"μεγαλου"；在拉丁语中，为"magnus"；在梵语中，类似的词根是"Mahā"。"Mahā"在汉语中常译为"摩诃"。《六祖坛经·般若品第二》中说："何名摩诃？摩诃是大。""摩诃"在梵语中很常见，如《摩诃婆罗多》（Mahābhārata）。在佛教中，"摩诃"一词更为常见，如"摩诃般若""摩诃迦叶"。在梵语中，"大王"就是"maharajasa"。

因为源自汉朝钱币，所以汉佉二体钱的面额依循汉朝纪重铜钱的方式，采用"六铢"和"重廿四铢铜钱"币文。根据针对出土钱币的考证，于阗、莎车实行汉佉二体钱与汉朝五铢钱并行制度，主要是当地的"六铢"、"重廿四铢铜钱"和汉朝的"五铢钱"三币并行。

西域铜钱受西汉王朝半两铜钱的影响，其最初规制曾以

"两"计。所以,汉佉二体钱继承西域铜钱的传统,面额以1两(廿四铢)和1/4两(六铢)为主。西汉武帝创建五铢钱,大量五铢钱流入西域,形成了五铢钱与西域铜钱并行流通的局面。在于阗和莎车,汉佉二体钱逐步向五铢钱转化。目前,在出土的汉佉二体钱中已经发现少量的刻印"五"字的钱币,应该是汉佉二体钱中的"五铢钱"。

东西衔接

贵霜帝国实行金币、银币和铜币三币并行的货币制度。贵霜帝国的货币以铜币为主,以及少量的第纳尔金币和更为稀少的德拉克马银币。贵霜帝国的铜币主要是四德拉克马铜币,重量为16~17克。

币43:迦腻色迦四德拉克马铜币,公元127~152年生产,重量为16.52克,正面图案是迦腻色迦面左站像,正在供奉祭坛,周围贵霜文为

币43

"ρΑΟΚΑΝΗΡρΚΙ"(贵霜王);背面图案是释迦牟尼佛陀正面站像。

贵霜帝国四德拉克马铜币的重量为16.52克,一德拉克马铜币的重量就是4.13克。

根据对出土的汉佉二体钱的考察,"重廿四铢铜钱"的实际

重量为 18.50~22.30 克;"六铢钱"的实际重量为 3.81~4.18 克。^①

显然,重廿四铢铜钱对应的是贵霜帝国的四德拉克马铜币;"六铢钱"对应的是贵霜帝国的一德拉克马铜币。

西汉王朝初期,中国流通半两钱,西域钱币应以"两"计。所以,西域钱币有 1 两(24 铢)、半两(12 铢)、1/4 两(6 铢)的传统。西汉后期乃至东汉,中原流通五铢钱,在于阗和莎车一带仍流通 1 两(24 铢)和 1/4 两(6 铢)的铜钱。

汉代 1 斤为 250 克,等于 16 两;1 两为 15.625 克,等于 24 铢,1 铢为 0.651 克。所以,两汉五铢钱的理论重量是 3.26 克,汉佉二体钱"重廿四铢铜钱"的理论重量是 15.625 克,汉佉二体钱"六铢钱"的理论重量是 3.91 克。

两汉五铢钱价值 5 铢,汉佉二体钱"重廿四铢铜钱"价值 24 铢,两者兑换比率是 24 枚两汉五铢钱兑换 5 枚"重廿四铢铜钱"。两汉五铢钱的价值 5 铢,汉佉二体钱"六铢钱"价值 6 铢,两者兑换比率是 6 枚两汉五铢钱兑换 5 枚"六铢钱"。

至于汉佉二体钱与贵霜帝国的德拉克马铜币的兑换,则是"重廿四铢铜钱"与贵霜帝国的四德拉克马铜币 1∶1 兑换;六铢钱与贵霜帝国的一德拉克马铜币 1∶1 兑换。

于是,以汉佉二体钱为中介,两汉五铢钱便与贵霜帝国的德拉克马铜币建立了比价关系,即 24 枚五铢钱兑换 5 枚四德拉克马铜币,或者兑换 20 枚一德拉克马铜币。

---

① 周偶:《汉佉二体钱(和田马钱)新探》,河北人民出版社 2018 年版,第 21—22 页。

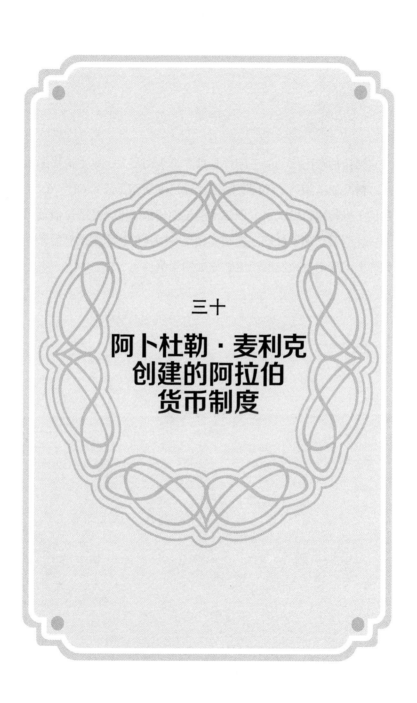

三十

阿卜杜勒·麦利克
创建的阿拉伯
货币制度

阿拉伯帝国倭马亚王朝曾是世界上版图最大、军力最强的国家。倭马亚王朝第 5 任国王阿卜杜勒·麦利克（公元 685~705 年在位）推行阿拉伯文字、创建了阿拉伯货币制度，是阿拉伯帝国的一代明君。阿卜杜勒·麦利克创建的阿拉伯货币制度对后来世界许多国家的货币制度产生了深远的影响。

阿卜杜勒

　　倭马亚王朝的前身是公元 622 年伊斯兰教先知穆罕默德在麦地那建立的政教合一的国家。

　　公元 632 年，穆罕默德去世，随即爆发了"哈里发"继承人之争。"哈里发"是阿拉伯文音译，意思是代理人、继承人。穆罕默德之后，有 4 位哈里发相继成为他的继承人，史称"四大哈里发"。其中，第 3 位哈里发来自倭马亚家族，名叫奥斯曼（公元 644~656 年在位），是穆罕默德的女婿。奥斯曼命令他的堂侄穆阿维叶担任军政要职。奥斯曼去世后，穆阿维叶就依据军政权力与第 4 任哈里发阿里争夺天下。通过军事胜利，穆阿维叶建立了倭马亚家族的世袭王朝——倭马亚王朝。

　　穆阿维叶成为哈里发后，努力实现的最大的事情就是让他的儿子叶齐德成为他的接班人，从而结束了阿拉伯帝国的哈里发选举制度。穆阿维叶成功了。但是，他的家族世袭继承并不长久。叶齐德当了 3 年哈里发就去世了，叶齐德的儿子穆阿维叶二世继位 3 个月后也去世了。于是，倭马亚王朝的权力转移到穆阿维叶的族叔、倭马亚家族的族长马尔万手里。马尔万是奥斯曼的堂弟，曾经做过奥斯曼的书记官。马尔万曾在战争中负伤，年老力衰、体弱多病，当上哈里发后第 2 年就病死了。于是，公元 685 年，马尔万的儿子阿卜杜勒·麦利克继任哈里发。

阿卜杜勒·麦利克是穆阿维叶的族弟，比穆阿维叶年轻46岁，是一个精力旺盛、颇有作为的哈里发。在他的统治下，阿拉伯帝国进入强盛时期。阿卜杜勒·麦利克镇压了各地的反叛。但是，他的最大功绩并不是扩张领土，而是推行阿拉伯文字，并且创建了阿拉伯货币制度。

货币单位

阿卜杜勒·麦利克创建的货币制度是用第纳尔（dinar）金币替代占领拜占庭帝国部分领地流通的索利多（solidus）金币；用狄尔汗（dirhem）银币代替占领萨珊王朝领地流通的德拉克马（drachma）银币。

公元697年，阿卜杜勒·麦利克发行了第纳尔金币，用来取代在占领拜占庭帝国部分地区流通的索利多金币。

第纳尔最初是贵霜王朝的金币单位。公元2世纪初期，贵霜王朝的国王阎膏珍创建了第纳尔金币制度。第纳尔是古波斯语对拉丁词汇"狄纳里"的称谓，意思是"由10个构成"。当时贵霜王朝统治地区制造和使用四德拉克马银币。"第纳尔"这个词汇的意思是价值10枚四德拉克马银币。然而，第纳尔不是银币，而是金币，理论重量与罗马帝国屋大维的奥里斯金币相同，理论重量为1/40罗马磅（8.175克），扣除成本和铸币税，初期平均重量为7.95克，后期重量逐步下降。公元3世纪初期，萨珊王朝攻占了贵霜王朝的大面积领土，继承了贵霜王朝的第纳尔金币制度。公元651年，萨珊王朝被阿拉伯帝国奥斯曼哈里发的军队攻灭，这时第纳尔金币的实际平均重量仍在7克以上。

拜占庭帝国索利多金币的理论重量是1/72罗马磅，即4.54克。

阿卜杜勒·麦利克发行的第纳尔金币，没有采用萨珊王朝第纳尔金币的重量标准（7克以上），也没有采用拜占庭帝国索利多金币的重量标准（4.54克），而是采用自己创建的米思考的重量标准4.24克。

公元699年，阿卜杜勒·麦利克发行了狄尔汗银币，用来取代在占领萨珊王朝领地流通的德拉克马银币（迪拉姆银币）。

早在公元前330年，马其顿王国的国王亚历山大率领军队吞并了波斯帝国，在伊朗高原推出了4.24克的德拉克马银币重量标准。此后，这个重量标准被伊朗高原的各个王朝沿用。

起初，亚历山大德拉克马重量标准被塞琉古王朝继承，进而被帕提亚王朝继承，又被萨珊王朝继承。萨珊王朝使用中古波斯语，称德拉克马为迪拉姆（direm）。亚历山大德拉克马重量标准在萨珊王朝后期发生了变化。萨珊王朝卑鲁兹执政时期（公元459~484年），4.24克的德拉克马（迪拉姆）重量标准被下调至4.15克。

阿卜杜勒·麦利克发行的狄尔汗银币没有采用亚历山大4.24克的德拉克马重量标准，也没有采用卑鲁兹4.15克的德里克马重量标准，而是采用自己创建的2.92克的1/10阿拉伯盎司重量标准。

重量单位

阿拉伯帝国用于钱币的重量单位是米思考（mithcal）。

如果说，狄尔汗是古阿拉伯语作为货币单位的德拉克马的称谓，那么，米思考就是古阿拉伯语对于作为重量单位的德拉克马的称谓。

初期，阿拉伯帝国米思考的重量标准是萨珊王朝德拉克马的重量——4.15 克。

阿卜杜勒·麦利克创建的狄尔汗银币制度，理论重量为 2.92 克，即 1/10 阿拉伯盎司，大约等于 0.7（2.92 克÷4.15 克）米思考。

阿拉伯磅的重量是罗马磅的 15/14，其中包含 1/14 的税务金额，即 327 克（罗马磅）×15/14=350 克（阿拉伯磅）。

1 阿拉伯磅等于 12 阿拉伯盎司。350 克÷12=29.2 克。1 阿拉伯盎司重量为 29.2 克，打制 10 枚狄尔汗银币，1 枚狄尔汗银币的重量就是 2.92 克。

这就是阿卜杜勒·麦利克创建的狄尔汗银币理论重量的由来，即 1/10 阿拉伯盎司，大约等于 0.7 米思考。

阿卜杜勒·麦利克实行货币改制时，对米思考重量制度进行了重新核定，将其确定为 20 叙利亚克拉。阿拉伯帝国的重量制度为什么采用叙利亚重量标准？其原因是当时倭马亚王朝的首都设在叙利亚的大马士革，采用叙利亚重量制度适合当地百姓的习惯。

叙利亚曾经属于希腊化王国塞琉古，基本重量单位是"赫拉特"，拉丁语称作"西力克"或"克拉"。这个重量单位源自稻子豆的重量。稻子豆在地中海地区的重量标准是 0.189 克，而在位于西亚的叙利亚地区就大了一些，标准为 0.212 克。为什么地中海地区的稻子豆重量为 0.189 克，而叙利亚地区的稻子豆重量为 0.212 克？可能是因为不同地区生长着大小、重量均不同的稻子豆。当然，也可能是制定标准的时间不同，0.212 克的重量标准是在希腊化塞琉古王朝时期制定的，而 0.189 克的重量标准则是在罗马帝国时期制定的。不同时期生长的稻子豆，两者之间的重量存在一定的差异。

公元 7 世纪，阿拉伯帝国制造第纳尔金币采用 20 叙利亚克拉，即 0.212 克 ×20=4.24 克的米思考重量标准，而没有采用拜占庭帝国的 24 西力克，即 0.189 克 ×24=4.54 克的索利多重量标准。

阿卜杜勒·麦利克采用 4.24 克的米思考重量标准制造第纳尔金币，采用 2.92 克的 1/10 阿拉伯盎司的重量标准制造狄尔汗银币，两者之间便脱离了 1∶0.7 的比例关系。换句话说，此时的狄尔汗银币的重量已经不是 0.7 米思考。

到了公元 9 世纪初期，阿拉伯帝国阿拔斯王朝再次实行货币改制，在 4.24 克的米思考重量制度下，重新规定狄尔汗银币的理论重量为 0.7 米思考，即 4.24 克 ×0.7=2.97 克。

从此，阿拉伯帝国狄尔汗银币在理论重量 2.97 克的条件下，继续在世界范围内广泛传播，影响着后来世界许多国家的货币制度。

附　录

附录一　古代西亚

一、主要王国年表

（一）格拉什城邦（公元前 2480 年至公元前 2371 年）

公元前 2480 年至公元前 2450 年	乌尔南什
公元前 2450 年至公元前 2445 年	阿库加尔
公元前 2445 年至公元前 2440 年	安纳吐姆
公元前 2440 年至公元前 2400 年	埃纳纳吐姆
公元前 2400 年至公元前 2390 年	恩铁美纳
公元前 2390 年至公元前 2385 年	埃纳纳吐姆二世
公元前 2385 年至公元前 2384 年	恩恩塔尔基
公元前 2384 年至公元前 2378 年	卢伽尔安达
公元前 2378 年至公元前 2371 年	乌鲁卡基那

（二）阿卡德王国（公元前 2369 年至公元前 2193 年）

公元前 2369 年至公元前 2314 年	萨尔贡
公元前 2314 年至公元前 2270 年	里木什
公元前 2270 年至公元前 2255 年	曼尼什图苏
公元前 2255 年至公元前 2218 年	纳拉姆·辛
公元前 2218 年至公元前 2193 年	沙尔卡利沙利

（三）乌尔第三王朝（公元前 2113 年至公元前 2006 年）

公元前 2113 年至公元前 2096 年　　　　乌尔纳姆

公元前 2096 年至公元前 2048 年　　　　舒尔吉

公元前 2048 年至公元前 2039 年　　　　阿马尔·辛

公元前 2039 年至公元前 2030 年　　　　舒·辛

公元前 2030 年至公元前 2006 年　　　　伊比·辛

（四）伊新王国（公元前 2017 年至公元前 1794 年）

公元前 2017 年至公元前 1985 年　　　　伊什比·埃拉

公元前 1985 年至公元前 1975 年　　　　舒伊里舒

公元前 1975 年至公元前 1954 年　　　　伊丁·达干

公元前 1954 年至公元前 1935 年　　　　伊什美达干

公元前 1935 年至公元前 1924 年　　　　李必特·伊丝达

公元前 1924 年至公元前 1896 年　　　　乌尔尼努尔塔

公元前 1896 年至公元前 1874 年　　　　布尔·辛

公元前 1874 年至公元前 1869 年　　　　李必特·恩利尔

公元前 1869 年至公元前 1861 年　　　　埃拉伊米提

公元前 1861 年至公元前 1837 年　　　　恩利尔·巴尼

公元前 1837 年至公元前 1834 年　　　　詹比亚

公元前 1834 年至公元前 1831 年　　　　伊特尔皮沙

公元前 1831 年至公元前 1828 年　　　　乌尔杜库伽

公元前 1828 年至公元前 1817 年　　　　辛玛吉尔

公元前 1817 年至公元前 1794 年　　　　达米可伊里舒

公元前 1794 年，伊新第一王朝被拉尔萨王国的国王瑞姆·辛攻灭。

（五）拉尔萨王国（公元前 2025 年至公元前 1763 年）

公元前 2025 年至公元前 2005 年　　　　　纳普拉努姆

公元前 2005 年至公元前 1977 年　　　　　埃米特苏姆

公元前 1977 年至公元前 1942 年　　　　　萨米乌姆

公元前 1942 年至公元前 1933 年　　　　　托拜阿

公元前 1933 年至公元前 1906 年　　　　　衮古努姆

公元前 1906 年至公元前 1895 年　　　　　阿比萨莱

公元前 1895 年至公元前 1866 年　　　　　苏姆埃尔

公元前 1866 年至公元前 1850 年　　　　　努尔阿达德

公元前 1850 年至公元前 1843 年　　　　　辛伊丁纳姆

公元前 1843 年至公元前 1841 年　　　　　辛埃里巴姆

公元前 1841 年至公元前 1836 年　　　　　辛伊吉沙姆

公元前 1836 年至公元前 1835 年　　　　　西里·阿达德

公元前 1835 年至公元前 1823 年　　　　　瓦拉德·辛

公元前 1823 年至公元前 1763 年　　　　　瑞姆·辛

公元前 1763 年拉尔萨王国被古巴比伦王国的国王汉谟拉比攻灭。

（六）古巴比伦第一王朝（公元前 1894 年至公元前 1595 年）

公元前 1894 年至公元前 1881 年　　　　　苏姆阿布姆

公元前 1881 年至公元前 1845 年　　　　　苏姆拉埃尔

公元前 1845 年至公元前 1831 年　　　　　萨比乌姆

公元前 1831 年至公元前 1813 年　　　　阿皮尔·辛

公元前 1813 年至公元前 1793 年　　　　辛穆巴里特

公元前 1793 年至公元前 1750 年　　　　汉谟拉比

公元前 1750 年至公元前 1712 年　　　　萨姆苏伊鲁纳

公元前 1712 年至公元前 1684 年　　　　阿比舒

公元前 1684 年至公元前 1647 年　　　　阿米迪塔纳

公元前 1647 年至公元前 1626 年　　　　阿米萨杜卡

公元前 1626 年至公元前 1595 年　　　　萨姆苏迪塔纳

（七）新巴比伦王国（迦勒底王国）（公元前 626 年至公元前 539 年）

公元前 626 年至公元前 605 年　　　　那波帕拉沙尔

公元前 605 年至公元前 562 年　　　　尼布甲尼撒二世

公元前 562 年至公元前 560 年　　　　以末米罗达

公元前 560 年至公元前 556 年　　　　涅里格利沙尔

公元前 556 年至公元前 539 年　　　　那波尼德

公元前 555 年至公元前 539 年　　　　伯沙撒（与父亲
　　　　　　　　　　　　　　　　　　　那勃尼德共治）

二、货币史大事记

时间	大事纪要
公元前 4300 年至 公元前 3500 年	苏美尔人掌握农业灌溉技术
公元前 3500 年至 公元前 3100 年	苏美尔出现楔形文字。进入铜器时代

续表

时间	大事纪要
公元前 3100 年至 公元前 2700 年	两河流域南部出现许多城邦
公元前 2378 年	拉格什城邦恩西乌鲁卡基那推行改革，改革铭文记载了白银一般等价物商品发挥价值尺度和流通手段的货币职能
公元前 2369 年	萨尔贡建立人类历史上第一个中央集权君主专制的国家——阿卡德王国，在两河流域统一度量衡。大麦一般等价物商品和白银一般等价物商品有了统一的称量标准。随着阿卡德王国的灭亡，度量衡制度陷入混乱
公元前 2113 年	乌尔纳姆建立乌尔第三王朝，颁布了《乌尔纳姆法典》。大麦容量单位是古尔和西拉；白银重量单位是弥那和舍客勒
公元前 2096 年	舒尔吉即位乌尔第三王朝的国王，重新统一两河流域的度量衡，大麦一般等价物商品和白银一般等价物商品成为了法定统一称量标准的称量货币。人类最早的货币——白银称量货币从此诞生
公元前 2000 年至 公元前 1950 年	在埃什嫩那国王《俾拉拉马法典》中出现白银货币微小单位"色"；大麦货币单位"卡""帕尔希克图""苏图"
公元前 1950 年至 公元前 1900 年	在伊新的《李必特·伊丝达法典》中，大麦货币消失不见，使用白银货币的地方只有 5 处，体现了长期战争对经济的影响，货币经济出现了大幅度的衰败
公元前 1792 年	汉谟拉比即位为古巴比伦王国的第 6 任国王，开始了再次统一两河流域的战争。汉谟拉比国王颁布法典。法典中出现了白银货币微小单位"乌得图"。白银货币使用范围更加广泛，大麦货币使用占比减少，白银货币成为更加重要的流通货币
公元前 1500 年至 公元前 1400 年	《赫梯法典》出台。赫梯王国的货币基本单位是"玻鲁舍客勒"，即半舍客勒
公元前 1500 年至 公元前 1000 年	两河流域进入亚述黑暗时代，货币经济衰败

续表

时间	大事纪要
公元前 640 年	小亚细亚半岛的吕底亚王国生产出古西亚最早的数量货币——钱币
公元前 546 年	波斯帝国消灭了吕底亚王国，继承了吕底亚王国的钱币生产和钱币制度
公元前 524 年	波斯帝国国王大流士发行"大流克"金币

三、专业词汇

名称	属性	折合现代量
弥那	重量称量单位	500 克
舍客勒		8.33 克
乌得图		0.14 克
色		0.0463 克。原译文为"塞"或"乌士图"
玻鲁舍客勒		半舍客勒，4.17 克
古尔	容量称量单位	121 升，盛大麦 168 公斤
帕尔希克图		24.2 升，盛大麦 33.6 公斤
苏图		4 升，盛大麦 5.6 公斤
卡、西拉		0.4 升，盛大麦 560 克
布尔	面积单位	64800 平方米
伊库		3600 平方米
穆沙鲁		36 平方米
斯塔特	吕底亚琥珀金币	14 克
大流克	波斯金币	8.33 克
德拉克马	希腊银币	4.37 克
奥波		0.728 克。1 德拉克马 =6 奥波
柯查		1 奥波银币的价值 =8 柯查铜币

四、重要法规

（一）《乌尔纳姆法典》中英文对照

1. If a man commits a murder，that man must be killed.

如果犯谋杀罪，则应处以死刑。

2. If a man commits a robbery，he will be killed.

如果犯抢劫罪，则要处以死刑。

3. If a man commits a kidnapping，he is to be imprisoned and pay 15 shekels of silver.

如果犯绑架罪，则应处以监禁，并罚 15 舍客勒白银。

4. If a slave marries a slave，and that slave is set free，he does not leave the household.

如果一个奴隶和一个奴隶结婚，而那个奴隶被释放为自由民，则这个奴隶仍是主人家的奴隶。

5. If a slave marries a native person，he/she is to hand the firstborn son over to his owner.

如果一个奴隶与自由人结婚，则他 / 她应将长子献给主人为奴。

6. If a man violates the right of another and deflowers the virgin wife of a young man，they shall kill that male.

如果亵渎他人权利而奸淫其处女妻子，则应处以死刑。

7. If the wife of a man followed after another man and he slept with her，they shall slay that woman，but that male shall be set free.

如果一个人妻追求另一男子，该男子睡了她，那么应处死女人，男人无罪。

8. If a man proceeded by force, and deflowered the virgin slavewoman of another man, that man must pay five shekels of silver.

如果以暴力强奸他人处女女奴，则应罚 5 舍客勒白银。

9. If a man divorces his first-time wife, he shall pay her one mina of silver.

如果与发妻离婚，则应付发妻 1 弥那白银。

10. If it is a（former）widow whom he divorces, he shall pay her half a mina of silver.

如果与原为寡妇的妻子离婚，则应付她半弥那白银。

11. If the man had slept with the widow without there having been any marriage contract, he need not pay any silver.

如果与寡妇无婚约而只是与她睡觉，则不需付她任何白银。

12. If a man is accused of sorcery he must undergo ordeal by water；if he is proven innocent, his accuser must pay 3 shekels.

如果有人被告发实施巫术，则他必须经受河水验证，如果他被证明无辜，则告发者应付 3 舍客勒白银。

13. If a man accused the wife of a man of adultery, and the river ordeal proved her innocent, then the man who had accused her must pay one-third of a mina of silver.

如果有人告发人妻通奸，而河水验证后证明她无辜，那么告发者应付 1/3 弥那白银。

14. If a prospective son-in-law enters the house of his prospective father-in-law, but his father-in-law later gives his daughter to another man, the father-in-law shall return to the rejected son-in-law twofold

the amount of bridal presents he had brought.

如果未来女婿进入他未来岳父的房子，但此后岳父将其女儿给了另外的男人，那么岳父应退还所弃女婿已纳聘礼两倍的价值。

15. If a slave escapes from the city limits, and someone returns him, the owner shall pay two shekels to the one who returned him.

如果奴隶逃出城市界限，有人将其捕获送还，则奴隶主人应付送还者 2 舍客勒白银。

16. If a man knocks out the eye of another man, he shall weigh out 1/2 mina of silver.

如果打坏他人的眼睛，则应付半弥那白银。

17. If a man has cut off another man's foot, he is to pay ten shekels.

如果斩断他人的脚，则应付 10 舍客勒白银。

18. If a man, in the course of a scuffle, smashed the limb of another man with a club, he shall pay one mina of silver.

如果在斗殴中用棒打断他人手臂或腿，则应付 1 弥那白银。

19. If someone severed the nose of another man with a copper knife, he must pay two-thirds of a mina of silver.

如果用铜刀割断他人鼻子，则应付 2/3 弥那白银。

20. If a man knocks out a tooth of another man, he shall pay two shekels of silver.

如果打落他人牙齿，则应付 2 舍客勒白银。

21. [...] If he does not have a slave, he is to pay 10 shekels of silver. If he does not have silver, he is to give another thing that

belongs to him.

……如果没有奴隶，则应付 10 舍客勒白银。如果没有白银，则应付其所拥有的其他物品。

22. If a man's slave-woman, comparing herself to her mistress, speaks insolently to her, her mouth shall be scoured with 1 quart of salt.

如果男人之女奴与女主人攀比，对女主人出言不逊，则应该用 1 夸脱盐巴来擦洗她的嘴。

23. If a man appeared as a witness, and was shown to be a perjurer, he must pay fifteen shekels of silver.

如果出庭作证出具伪证，则应付 15 舍客勒白银。

24. If a man appears as a witness, but withdraws his oath, he must make payment, to the extent of the value in litigation of the case.

如果出庭作证有违誓言，则应付诉讼标的之金额。

25. If a man stealthily cultivates the field of another man and he raises a complaint, this is however to be rejected, and this man will lose his expenses.

如果偷种他人土地，则他的起诉应予拒绝，且他将损失他的耕种成本。

26. If a man flooded the field of a man with water, he shall measure out three kur of barley per iku of field.

如果用水淹他人的土地，那么每伊库土地付 3 古尔大麦。

27. If a man had let an arable field to a（nother）man for cultivation, but he did not cultivate it, turning it into wasteland, he

shall measure out three kur of barley per iku of field.

如果出租耕地给他人耕作，但其未能耕作而使耕地荒芜，那么每伊库（1伊库折合现代3600平方米，折合中国大约5.4亩）耕地付三古尔（1古尔折合现代121公升）大麦。

摘自：《当代金融家》2019年第7期。

（二）埃什嫩那王国《俾拉拉马法典》（公元前20世纪上半叶）

【简介】

埃什嫩那王国位于巴比伦城东北方的迪亚拉［原文译为"狄雅拉"］河谷，这地区是四通八达的商业要道，经济比较发达。公元前2025年，埃什嫩那王国脱离乌尔第三王朝独立。俾拉拉马是埃什嫩那王国的第四任国王。埃什嫩那国王《俾拉拉马法典》成文于公元前20世纪上半叶。此时，埃什嫩那王国的大麦货币与白银货币两币并行流通。

在《俾拉拉马法典》现存的59个条文中，涉及大麦货币的地方有14处，货币单位采用容量单位古尔［原文译为"库鲁"］、帕尔希克图［原文译为"马西克图"］、苏图和卡共四种；涉及白银货币的地方有47处，其中使用弥那［原文译为"明那"］的地方有12处；使用舍客勒的地方有28处；使用色［原文译为"乌士图"或"塞"］的地方有4处；使用白银而没有具体单位的地方有3处。

为了本书用词的统一，我们采用迪亚拉（替代迪雅拉）、古尔（替代库鲁）、帕尔希克图（替代马西克图）、弥那（替代明那）、色（替代"乌士图"或"塞"）。

摘自：林志纯：《世界通史资料选辑》，商务印书馆 1962 年版，第 44—51 页。

【林志纯先生注】

这部法典保存在今特尔·哈尔马尔城发现的楔形文字的两块泥板上，古时此城为埃什嫩那的附属地区——而埃什嫩那则是巴比伦东北边迪亚拉［原文为"狄雅拉"］河谷的一个城市。序言为苏美尔文，法典本文为阿卡德语而带有若干地方特点。

译文据《古代史通报》1952 年第 3 期，第 213—219 页。

【正文】

序　言

［某年］［某］月二十一日立，从此吉利吉利之子俾拉拉马承受埃什嫩那之王权，并在底格里斯河……苏普尔·沙马什城……其父之家……象——年号"献大兵器"[①]。

第 1 条[②] 大麦一古尔[③]	合银一舍客勒
上等植物油三卡[④]	合银一舍客勒
胡麻油一苏图[⑤]二卡	合银一舍客勒
猪油一苏图五卡	合银一舍客勒

---

① 两河流域当时所用年号常取前年所发生之大事。俾拉拉马之年号，全称当为"埃什嫩那王俾拉拉马献大兵器于某庙之某神"。

② 第一条及第二条皆为物价之法律。

③ 古尔是容量单位，1 古尔折合现代约 121 升。

④ 1 卡为 8/10~4/10 升。

⑤ 1 苏图约 4 升。

"河油"^①四苏图	合银一舍客勒
羊毛六弥那	合银一舍客勒
盐二古尔	合银一舍客勒
……一古尔	合银一舍客勒
蜜三弥那	合银一舍客勒
净蜜二弥那	合银一舍客勒

第2条　精选胡麻油一卡，其价为大麦三苏图，

精选猪油一卡，其价为大麦二苏图五卡，

精选河油一卡，其价为大麦七卡。

第3条　有牛及御者之车，其租用之费为大麦一帕尔希克图^②四苏图；如以银计，则其租用之费为三分之一舍客勒，他可以用车终日。

第4条　船之租用之费，以每一古尔容积计，为二卡，而船夫雇用之费为……帕尔希克图四苏图，他可以用船终日。

第5条　倘船夫不慎而致船沉没，则彼应照所沉没者赔偿之。

第6条　自由民倘取他人之船以……则彼应付出银十舍客勒。

第7条　刈麦者雇用之费为大麦二苏图；倘以银计，则其雇用之费为十二色［原文译为"乌士图"］^③。

第8条　籭谷者雇用之费为大麦一苏图。

第9条　倘自由民因收割而给雇工银一舍客勒，而雇工不助

---

①　"河油"之义不详。

②　1帕尔希克图约24.2升。

③　林志纯先生注："一乌士图不及百分之五公分。"林志纯先生所讲的"公分"是指"克"。林志纯先生所讲的"乌士图"是指"色"。按照1舍客勒为8.33克计算，1色约为0.0463克。

自由民，完全不为之刈割，则彼应付出银十舍客勒，彼应领取大麦一苏图五卡作为雇用之费而离开，并应退还已领之分给品，大麦、油及衣服①。

第10条　驴子之雇用费为大麦一苏图，而赶驴者之雇用费亦为大麦一苏图，他可以用驴子终日。

第11条　一个雇工之用费为银一舍客勒，其吃饭费用为银一色［原文译为"塞"］，雇工应服务一个月。

第12条　自由民在穆什钦努②田中于……而被捕者，当白日休息之时，应出银十舍客勒，倘在夜间于……而被捕，则应处死，他不应活下去。

第13条　自由民在穆什钦努之家——即在其家中当白日休息之时被捕者，应付出银十舍客勒，倘当夜间在家中被捕者，则应处死，他不应活下去。

第14条　雇用之费……，倘彼获得银五舍客勒，则其雇用之费为一舍客勒，倘彼获得银十舍客勒，则其雇用之费为二舍客勒。

第15条　塔木卡③或卖酒妇不得从奴、婢之手接受银、羊毛、胡麻油及其他物品。

第16条　对于尚未分家的自由民之子④以及奴隶，均不得贷与［财物］。

----

①　此条规定三事：其一，雇工不做工，应赔偿10倍其已领之雇银；其二，他可以领取为雇主做工期中的小量食料；其三，但应退还已领的较多的分给品。

②　穆什钦努，B.B.斯特鲁威院士以为乃被征服之自由民，N.M.狄雅科诺夫则以为这是为国王服役而有份地之人。

③　塔木卡，国王之商业代理人，商人。

④　此处指家长制下的无权利的儿子，但一般自由民亦可称此。

第 17 条　倘自由民之子将聘礼送至岳父之家，遇双方（未婚夫及未婚妻）之一死亡时，则仅将银退回其主人。

第 18 条　倘彼娶她为妻，她已入居其夫之家，而不久此新妇死亡，则他［岳父？］不仅可以取回她所带往之财物，且可以取回更多财物；每一舍客勒的银，他可以加取六分之一［舍客勒］又六色［原文译为"乌士图"］；每一古尔大麦，他可以加取利息一帕尔希克图四苏图^①。

第 19 条　自由民付出等量之物而收回等量之物者，必须在打谷时交还^②。

第 20 条　倘自由民……以供……，而借者与之，并对之将大麦以银结价，则在收成时借者应取大麦并按每一古尔计一帕尔希克图四苏图取息。

第 21 条　倘自由民与以现银，则彼可取回银并按每一舍客勒计六分之一（舍客勒）又六色［原文译为"乌士图"］取息。

第 22 条　倘自由民并无他人所负任何之债，而拘留他人之婢为质，则婢之主人应对神宣誓云："我不负你任何债务"，而自由民应付出与一婢之身价相等之银^③。

第 23 条　倘自由民并无他人所负任何之债，而拘留他人之婢为质，并扣留此质于其家直至于死，则自由民应赔偿婢之主人以两婢。

第 24 条　倘自由民并无他人所负任何之债，而拘留穆什钦努

---

①　新娘未生子而死，此新娘在夫家应得之物，应归新娘之父，这说明一个已嫁的女子，在生子之前，其继承人仍为其父族。

②　此大抵言无利借贷，故在打谷时应即交还。

③　此自由民除付银之外，尚须退还所质之婢，观下条可以自明。

外国货币史漫谈

之妻以为质①，并扣留此质于其家直至于死，则此为生命攸关之法律问题，取人为质者应处死。

第 25 条　倘自由民请求于岳父之家，而岳父接受其请求，然竟以其女许配他人，则此女之父应加倍退还彼所接受之聘礼。

第 26 条　倘自由民致送聘礼以求他人之女，但另一人未向女之父母提出请求，竟偷窃此女并迫之同居，则此为生命攸关之问题，此人应处死。

第 27 条　倘自由民未向女之父母提出请求，且未与女之父母订立协议与契约，而径取自由民之女为妻，则此女住自由民之家即达一年之久，仍非其妻。

第 28 条　倘相反，自由民已与女之父母订立协议及契约，而后取女为妻，则她已为有夫之妇，倘再投入他人怀抱，则应处死，不得偷生。

第 29 条　倘自由民在远征中因受袭击或遭失败而消息不明，或被捕为俘，在……其居于外国之时，他人取其妻以为妻，她且已生子，则当自由民归来时，仍可以取回其妻。

第 30 条　倘自由民憎恨其公社及主人②而逃走，而他人娶其妻以为妻，则当自由民归来时，不能对其妻提出控诉。

第 31 条　倘自由民强迫他人之婢同居，则彼应付出银三分之二弥那，而婢仍属于其主人所有。

第 32 条　倘自由民以其子交人哺乳并抚育之，而应给之谷、

---

①　此处仅云穆什钦努之妻，可能当时全权的自由民大多数还没有必须以家族成员为质，故上两条皆云自由民之婢为质。

②　"主人"概即国王。

应给之油及应给之羊毛已三年不付，则彼应付出银十舍客勒以为教养其子之费，而其子应归于彼。

第33条　倘有人诱惑女婢，而以女婢之子给予自由民之女，至此子长大，为其主人所见，则主人可以将此子取回，而此子应归于彼。

第34条　倘王宫之婢以其子或其女与穆什钦努教养，则王宫可以取回此子或此女。

第35条　而占有王宫女婢之儿童者，（除归还儿童外）应以儿童之价赔偿王宫。

第36条　倘自由民以其财产交人保管，而以日后取赎为条件，然而房屋未被打开，入口未被打破，窗户未被拆毁，而保管之财产遗失，则彼（担负保管之人）应赔偿自由民之财产。

第37条　倘自由民^①之屋倒塌，或除托交彼之财物外，屋主之财物亦有遗失，则屋主应在提什帕克^②庙对神发誓："我之财产与你之财产一并遗失，我不欺人，亦不说谎。"——他应对彼如此发誓，而后可不负任何责任。

第38条　倘诸弟兄之一欲出售其所分得之产，而其兄弟欲购之，则彼［卖者］应先满足其兄弟之意。

第39条　倘自由民因穷困而出售其房屋，则在买者付款之日，以前之房主应即让出房屋。

第40条　倘自由民购买奴、婢、牛或任何其他物品，而不能

---

① 此自由民指保管人。

② 提什帕克：地方神，埃什嫩那之庇护神。

确定卖者为谁，则彼当以盗窃论。

第 41 条　倘乌巴鲁、那普他鲁或木都^①出售其西克鲁^②，则卖酒妇应按时价付款。

第 42 条　倘自由民咬破自由民之鼻，应赔银一弥那，伤其一眼，应赔银一弥那，一齿，二分之一弥那，一耳，二分之一弥那，捆人之颊，银十舍客勒。

第 43 条　倘自由民砍断自由民之一指，则彼应赔银三分之二弥那。

第 44 条　倘自由民推倒自由民于……而挫伤其手，则彼应赔银二分之一弥那。

第 45 条　倘彼挫伤其足，则应赔银二分之一弥那。

第 46 条　倘自由民殴打自由民而挫伤其……则应赔银三分之二弥那。

第 47 条　倘自由民推撞自由民之……，则彼应赔银十舍客勒。

第 48 条　关于……从三分之二弥那至一弥那，应当给他解决诉讼案件，至于有关生命问题，则仅能由国王解决之^③。

第 49 条　倘自由民在偷来的奴婢之旁被捕，则彼应以奴还奴，以婢还婢^④。

第 50 条　倘职司治水之地方长官或任何公务人员捕到属于王

---

①　乌巴鲁当为公社成员，那普他鲁当为"解放者"，木都当为"有经验者""能手"，意义不甚明了。

②　西克鲁，一种酒名。

③　这大约是地方公社长老的法庭和国王的法庭的法律限界。

④　应以奴或婢赔偿奴婢主人。

宫或穆什钦努之亡奴、亡婢、亡牛或亡驴，不以之送至埃什嫩那，而留于自己之家，如过七日或一月，则王宫当按司法程序索取其赃物。

第 51 条　埃什嫩那之奴或婢，其身上有枷、铐并髡发[①]者，如未经其主人许可，不得走出埃什嫩那的大门。

第 52 条　在谍报人防备下进入埃什嫩那大门之奴与婢，应加以枷、铐并髡发，他应为奴婢主人戒备。

第 53 条　倘牛触牛而致之于死，则两牛之主人应当互相平分活牛之价与死牛之值。

第 54 条　倘牛有牴触之性，邻人以此告牛之主人，但主人未使牛不致为害，结果牛触人并致之于死，则牛之主人应赔银三分之二弥那。

第 55 条　倘牛触奴而致之于死，则牛之主人应赔银十五舍客勒。

第 56 条　倘狗发疯，邻人以此告狗之主人，但主人未杀狗，狗咬人，致人于死，则狗之主人应赔银三分之二弥那。

第 57 条　倘狗咬奴而致之于死，则狗之主人应赔银十五舍客勒。

第 58 条　倘墙有崩塌危险，邻人以此告墙之主人，但主人未加固其墙，墙崩，致自由民之子于死，则此为有关人命问题，应由国王裁决之。

第 59 条　倘自由民于生有小孩后遗弃其妻而另娶，则彼应被驱逐出家，并丧失一切，而它应归于彼所遗弃之人。

（第 60 条及第 61 条原文毁坏）

———————

① 枷、铐并髡发皆奴隶身份之标志。

附录二　古代埃及

一、年表

前王朝时期：公元前5000年至公元前3150年。公元前3150年，蝎子王在埃及称霸。

早王朝时期：公元前3150年至公元前2686年（第0王朝、第1王朝、第2王朝）。公元前3050年，那尔迈建立古埃及第一王朝。

古王国时期：公元前2686年至公元前2181年（第3王朝、第4王朝、第5王朝、第6王朝）。

第1中间期：公元前2181年至公元前2040年（第7王朝、第8王朝、第9王朝、第10王朝）。

中王国时期：公元前2040年至公元前1782年（第11王朝、第12王朝）。

第2中间期：公元前1782年至公元前1570年（第13王朝、第14王朝、第15王朝、第16王朝、第17王朝）。

新王国时期：公元前1570年至公元前1070年（第18王朝、第19王朝、第20王朝）。

第3中间期：公元前1069年至公元前525年（第21王朝、第22王朝、第23王朝、第24王朝、第25王朝、第26王朝）。

后埃及时期：公元前 525 年至公元前 332 年（第 27 王朝"第
1 波斯王朝"、第 28 王朝、第 29 王朝、第 30 王朝、第 31 王朝"第
2 波斯王朝"）。

马其顿王国：公元前 332 年至公元前 305 年。

托勒密王国：公元前 305 年至公元前 30 年。

罗马帝国时期：公元前 30 年至公元 395 年。

二、货币史大事记

公元前 5000 年至公元前 4000 年：出现农耕文明。

公元前 4000 年至公元前 3150 年：出现金属工具和城市居民。

公元前 3800 年：出现称量单位"班加"，1 班加的重量是 12.5 克。

公元前 3150 年：蝎子王在埃及称霸。

公元前 3050 年：那尔迈建立古埃及第 1 王朝。

公元前 1550 年：出现第 2 种称量单位"得本"，1 得本重量 91
克，等于 10 "基特"，1 基特重量 9.1 克。

公元前 1365 年：在摩塞档案中出现原始数量货币——银环。

公元前 1352 年：在摩塞档案中出现称量货币单位"得本"。

公元前 1293 年至公元前 1185 年：女市民伊林涅菲尔诉案中
出现白银称量货币单位"得本"和"基特"，铜称量货币单位"得
本"和"基特"，铜称量货币 100 "基特"的价值等于白银称量货
币 1 "基特"。

公元前 1156 年：哈里斯大纸草记载中出现黄金、白银、铜三
种金属称量货币的单位："得本"和"基特"。

公元前 525 年至公元前 332 年，波斯帝国攻占埃及，埃及

的重量单位班加与波斯帝国的重量单位弥那接轨，40 班加等于
1 弥那。波斯帝国的数量货币德拉克马被引进埃及。

公元前 332 年至公元前 30 年：马其顿王国及托勒密王国时期，
希腊化数量货币——德拉克马被更多地引进埃及。

公元前 30 年至公元 395 年：罗马帝国时期，罗马帝国的德拉
克马铜币在埃及生产，用这种虚币来掠夺埃及人民。

三、专业词汇

称量单位	拉丁文	重量（克）	注释
班加	BEQA	12.50	
得本	DEBEN	91.00	1 得本为 10 基特
基特	KIDET	9.10	
环	MASHAKA	9.10	戒指

波斯帝国的入侵以及后来希腊马其顿王国的入侵、罗马帝国
的入侵，将希腊化钱币德拉克马引进埃及，埃及本土的称量货币，
未见有转化为本土的数量货币。

附录三　古代印度

一、年表

公元前 2500 年至公元前 1750 年：哈拉巴文明时期。

公元前 1500 年至公元前 900 年：早期吠陀时期。

公元前 900 年至公元前 600 年：后期吠陀时期。

公元前 600 年至公元前 324 年：列国时代。公元前 517 年，波斯人入侵印度河流域，印度历史重心转移至恒河流域。

主要王朝年表：

（一）摩揭陀王朝

公元前 544 年至公元前 493 年	频婆娑罗
公元前 493 年至公元前 462 年	阿阇世
公元前 462 年至公元前 ? 年	优陀延
公元前 ? 年至公元前 430 年	阿迦达萨克
公元前 413 年至公元前 364 年	西宋纳迦王朝
公元前 364 年至公元前 320 年	难陀王朝

（二）孔雀王朝（公元前 324 年至公元前 187 年）

公元前 324 年至公元前 297 年	旃陀罗笈多

公元前 297 年至公元前 272 年	宾头沙罗
公元前 268 年至公元前 238 年	阿育王
公元前 238 年至公元前 232 年	库纳拉
公元前 232 年至公元前 225 年	达沙罗陀
公元前 225 年至公元前 207 年	桑普腊提
公元前 ？年至公元前 ？年	萨里苏卡
公元前 ？年至公元前 ？年	提婆达摩
公元前 ？年至公元前 ？年	萨塔姆达奴
公元前 194 年至公元前 187 年	布里哈陀罗陀

二、货币史大事记

公元前 2500 年至公元前 1750 年：

哈拉巴文明时期，出现农耕文明，使用铜器，出现城镇，出现称量单位"苏瓦纳"。1 苏瓦纳的重量为 13.705 克。

公元前 1500 年至公元前 900 年：

早期吠陀时代。铜器时代，出现阶级分化。

公元前 900 年至公元前 600 年：

后期吠陀时代。铁器时代，出现四大种姓。

公元前 600 年至公元前 324 年：

列国时代。出现数量货币。印度河流域诸王国使用的主要的数量货币，是由马纳称量货币发展而产生的萨塔马纳；恒河流域诸王国使用的主要的数量货币，是由马夏（苏瓦纳）称量货币发展而产生的卡夏帕那。

三、专业词汇

（一）马夏系列

重量单位	拉丁文	重量（克）	拉蒂数量
苏瓦纳	SUVARNA	13.705	128
达哈拉	DHARANA	3.426	32
马夏	MASHA	0.857	8
马夏卡	MASHAKA	0.214	2
拉蒂	RATTI	0.107	1

马夏称量货币的发展产生了数量货币"卡夏帕那"。

（二）马纳系列

重量单位	拉丁文	重量（克）	马纳数量
马纳	MANA	0.11	1
沙那	SHANA	1.375	12.5
萨塔马纳	SATAMANA	11.00	100

马纳称量货币的发展产生了数量货币"萨塔马纳"。

附录四　古代罗马

一、年表

1. 王政时期：公元前 753 年至公元前 509 年。

2. 罗马共和国：公元前 509 年至公元前 27 年。

3. 罗马帝国：公元前 27 年至公元 476 年。

4. 拜占庭帝国：公元 395 年至公元 1453 年。

二、货币史大事记

年代	主要事件
公元前 753 年	始建罗马城
公元前 753 年至公元前 509 年	王政时代，意大利当地居民使用青铜称量货币，重量单位是阿斯
公元前 509 年至公元前 289 年青铜称量货币阶段	意大利半岛上的希腊人使用德拉克马银币，埃特鲁里亚人使用努米银币，罗马人仍旧使用青铜称量货币，重量单位是阿斯
公元前 289 年至公元前 211 年青铜数量货币——铸币阶段	罗马共和国始铸青铜铸币。国家垄断铜币的发行。在此期间，1 枚阿斯铜币的重量从初期的 327 克下降至末期的 54.5 克

年代	主要事件
公元前 211 年至 公元前 82 年 打制金属货币阶段	公元前 211 年，罗马共和国建立狄纳里银币制度，1 罗马磅白银打制 72 枚狄纳里银币。铜币和银币二币并行，都采用打制方式。公元前 201 年，狄纳里银币从 1 罗马磅白银打制 72 枚改为打制 84 枚。国家继续垄断铜币的发行。在此期间，1 枚阿斯铜币的重量从初期的 54.5 克下降至末期的 11 克左右。在此期间，出现打制金币，单位是奥里斯
公元前 82 年至 公元前 27 年 将帅时代	出现打制金币，单位是奥里斯，1 罗马磅黄金打制 30 枚奥里斯金币
公元前 60 年至 公元前 44 年 前三头同盟时期	奥里斯金币和狄纳里银币都发生了减重。奥里斯金币从 1 罗马磅黄金打制 30 枚下降至打制 40 枚；公元前 44 年，恺撒将自己的肖像刻印在货币上，当年被刺身亡
公元前 43 年至 公元前 27 年 后三头同盟时期	安东尼、屋大维相继将自己的肖像刻印在货币上
公元前 31 年	屋大维在亚克兴海战中获胜，成为罗马唯一的独裁者，为了遣散军队而大量发行货币
公元前 27 年	屋大维建立尤利亚·克劳狄王朝。罗马共和国转为罗马帝国
公元前 19 年	屋大维当选为终身执政官，开始统一货币的发行。此后，罗马世界各地的货币，逐步被罗马货币所替代

三、专业词汇

中文	外文	注释
斯塔特	stater	吕底亚王国货币单位，有合金币、金币、银币
德拉克马	drachma	希腊银币。2 德拉克马等于 1 斯塔特。1 德拉克马银币等于 10 阿斯铜币

中文	外文	注释
奥波	obol	希腊银币。1 德拉克马等于 6 奥波
大流克	daric	波斯金币
西格罗斯	siglos	波斯银币
舍客勒	shekel	两河流域白银称量货币单位
努米	nummi	埃特鲁里亚银币
努姆斯	nummus	努米的复数形式
粗铜币	Aes rude	青铜块，称量货币
印记铜币	Aes signatus	有印记的青铜块，称量货币
重铜币	Aes grave	有标准形制的青铜铸币
阿斯	as	罗马铜币基本单位
都蓬第	dupondius	2 阿斯等于 1 都蓬第
塞斯特提	sestertius	2.5 阿斯等于 1 塞斯特提
塞米斯	semis	1 阿斯等于 2 塞米斯
屈莱恩	triens	1 阿斯等于 3 屈莱恩
夸德伦	quadrans	1 阿斯等于 4 夸德伦
塞克斯坦	sextans	1 阿斯等于 6 塞克斯坦
盎司	uncia	1 阿斯等于 12 盎司
狄纳里	denarius	1 狄纳里等于 10 阿斯
奥里斯	aureus	1 奥里斯等于 25 狄纳里

附录五　石俊志货币史著述及主编译丛书目

一、石俊志货币史著作书目

1.《半两钱制度研究》，中国金融出版社 2009 年版。

2.《五铢钱制度研究》，中国金融出版社 2011 年版。

3.《中国货币法制史概论》，中国金融出版社 2012 年版。

4.《中国货币法制史话》，中国金融出版社 2014 年版。

5.《中国铜钱法制史纲要》，中国金融出版社 2015 年版。

6.《夺富于民——中国历史上的八大聚敛之臣》，中信出版集团 2017 年版。

7.《中国古代货币法二十讲》，法律出版社 2018 年版。

8.《中国货币的起源》，法律出版社 2020 年版。

9.《尤利亚·克劳狄王朝货币简史》，中国金融出版社 2020 年版。

10.《货币的起源》，法律出版社 2020 年版。

11.《世界古国货币漫谈》，经济管理出版社 2020 年版。

12.《钱币的起源》，法律出版社 2021 年版。

13.《称量货币时代》，中国金融出版社 2021 年版。

14.《金属货币信用化》，经济管理出版社 2022 年版。

二、石俊志货币史发表论文

1.《秦始皇与半两钱》,载《中国金币》2013 年第 4 期,总 30 期。

2.《刘邦与榆荚钱》,载《中国金币》2013 年第 5 期,总 31 期。

3.《吕后和"钱律"》,载《中国金币》2013 年第 6 期,总 32 期。

4.《曹操恢复五铢钱》,载《中国金币》2014 年第 2 期,总 34 期。

5.《唐高祖始铸开元通宝》,载《当代金融家》2014 年第 4 期。

6.《褚遂良与捉钱令史》,载《当代金融家》2014 年第 5 期。

7.《唐高宗治理恶钱流通》,载《当代金融家》2014 年第 6 期。

8.《第五琦与虚钱》,载《当代金融家》2014 年第 7 期。

9.《杨炎与钱荒》,载《当代金融家》2014 年第 8 期。

10.《王安石废除钱禁》,载《当代金融家》2014 年第 9 期。

11.《蔡京铸行当十钱》,载《当代金融家》2014 年第 10 期。

12.《唐僖宗整顿钱币保管业》,载《当代金融家》2014 年第 11 期。

13.《宋徽宗改交子为钱引》,载《当代金融家》2014 年第 12 期。

14.《张浚与四川钱引》,载《当代金融家》2015 年第 1 期。

15.《忽必烈发行宝钞》,载《当代金融家》2015 年第 2 期。

16.《脱脱与钱钞兼行》,载《当代金融家》2015 年第 3 期。

17.《张汤与五铢钱》,载《当代金融家》2015 年第 4 期。

18.《颜异反对发行白鹿皮币》,载《当代金融家》2015 年第 5 期。

19.《王莽的货币改制》,载《当代金融家》2015 年第 6 期。

20.《董卓败坏五铢钱》,载《当代金融家》2015 年第 7 期。

21.《刘备与虚币大钱》，载《当代金融家》2015 年第 8 期。

22.《刘义恭与四铢钱》，载《当代金融家》2015 年第 9 期。

23.《中国古代八大敛臣·杨炎（上）》，载《当代金融家》
2015 年第 10 期。

24.《中国古代八大敛臣·杨炎（下）》，载《当代金融家》
2015 年第 11 期。

25.《中国古代八大敛臣·张汤（上）》，载《当代金融家》
2015 年第 12 期。

26.《中国古代八大敛臣·张汤（下）》，载《当代金融家》
2016 年第 1 期。

27.《中国古代八大敛臣·第五琦（上）》，载《当代金融家》
2016 年第 2 期、第 3 期。

28.《中国古代八大敛臣·第五琦（下）》，载《当代金融家》
2016 年第 4 期。

29.《中国古代八大敛臣·阿合马（上）》，载《当代金融家》
2016 年第 5 期。

30.《中国古代八大敛臣·阿合马（下）》，载《当代金融家》
2016 年第 6 期。

31.《中国古代八大敛臣·刘晏（上）》，载《当代金融家》
2016 年第 7 期。

32.《中国古代八大敛臣·刘晏（下）》，载《当代金融家》
2016 年第 8 期。

33.《中国古代八大敛臣·贾似道（上）》，载《当代金融家》
2016 年第 9 期。

34.《中国古代八大敛臣·贾似道（下）》，载《当代金融家》2016年第10期。

35.《中国古代八大敛臣·蔡京（上）》，载《当代金融家》2016年第11期。

36.《中国古代八大敛臣·蔡京（下）》，载《当代金融家》2016年第12期。

37.《中国古代八大敛臣·脱脱（上）》，载《当代金融家》2017年第1期。

38.《中国古代八大敛臣·脱脱（下）》，载《当代金融家》2017年第2期。

39.《百姓市用钱，美恶杂之，勿敢异》，载《当代金融家》2017年第3期。

40.《布恶，其广袤不如式者，不行》，载《当代金融家》2017年第4期。

41.《黄金以溢名，为上币》，载《当代金融家》2017年第5期。

42.《盗铸钱与佐者，弃市》，载《当代金融家》2017年第6期。

43.《故毁销行钱以为铜、它物者，坐臧为盗》，载《当代金融家》2017年第7期。

44.《敢择不取行钱、金者，罚金四两》，载《当代金融家》2017年第8期。

45.《各以其二千石官治所县金平贾予钱》，载《当代金融家》2017年第9期。

46.《禁天下铸铜器》，载《当代金融家》2017年第10期。

47.《私贮见钱，并不得过五千贯》，载《当代金融家》2017

年第 11 期。

48.《禁铜钱无出化外》，载《当代金融家》2017 年第 12 期。

49.《私有铜、鍮石等，在法自许人告》，载《当代金融家》2018 年第 1 期。

50.《贯钞兼行，无他物以相杂》，载《当代金融家》2018 年第 2 期、第 3 期。

51.《金银之属谓之宝，钱帛之属谓之货》，载《当代金融家》2018 年第 4 期。

52.《西汉赐予悉用黄金，而近代为难得之货》，载《当代金融家》2018 年第 5 期。

53.《兵丁之领钞者难于易钱市物》，载《当代金融家》2018 年第 6 期。

54.《取息过律，会赦，免》，载《当代金融家》2018 年第 7 期。

55.《百姓有责，勿敢擅强质》，载《当代金融家》2018 年第 8 期。

56.《制钱者，国朝钱也》，载《当代金融家》2018 年第 9 期。

57.《驰用银之禁》，载《当代金融家》2018 年第 10 期。

58.《思划一币制，与东西洋各国相抗衡》，载《当代金融家》2018 年第 11 期。

59.《由是钱有虚实之名》，载《当代金融家》2018 年第 12 期。

60.《罢五铢钱，使百姓以谷帛为市》，载《当代金融家》2019 年第 1 期。

61.《复置公廨本钱，以诸司令史主之》，载《当代金融家》2019 年第 2 期、第 3 期。

62.《大钱当两，以防剪凿》，载《当代金融家》2019 年第 4 期。

63.《哈斯蒙尼王朝的普鲁塔》，载《当代金融家》2019 年第 5 期。

64.《波斯帝国的重量制度》，载《当代金融家》2019 年第 6 期。

65.《乌尔第三王朝的白银货币》，载《当代金融家》2019 年第 7 期。

66.《古巴比伦王国的乌得图》，载《当代金融家》2019 年第 8 期。

67.《埃什嫩那王国的大麦货币》，载《当代金融家》2019 年第 9 期。

68.《赫梯法典中的玻鲁舍客勒》，载《当代金融家》2019 年第 10 期。

69.《古代亚述的黑铅货币》，载《当代金融家》2019 年第 11 期。

70.《吕底亚王国的琥珀金币》，载《当代金融家》2019 年第 12 期。

71.《克里特岛上的斯塔特银币》，载《当代金融家》2020 年第 1 期。

72.《尼禄的货币改制》，载《当代金融家》2020 年第 2 期、第 3 期。

73.《罗马元老院批准制造的铜币》，载《当代金融家》2020 年第 4 期。

74.《安东尼发行的蛇篮币》，载《当代金融家》2020 年第 5 期。

75.《帕提亚王国的希腊化钱币》，载《当代金融家》2020 年第 6 期。

76.《塞琉古王国银币的减重》，载《当代金融家》2020 年第 7 期。

77.《古希腊的德拉克马银币》，载《当代金融家》2020 年第 8 期。

78.《提比略钱币上的戳记》，载《当代金融家》2020 年第 9 期。

79.《恺撒时代的货币状况》，载《当代金融家》2020 年第 10 期。

80.《古埃及的重量单位和钱币流通》，载《当代金融家》2020 年第 11 期。

81.《古印度的重量制度和早期钱币》，载《当代金融家》2020 年第 12 期。

82.《卡拉卡拉发行的安敦尼币》，载《金融博览》2020 年第 12 期。

83.《叙拉古城邦发行的各类钱币》，载《当代金融家》2021 年第 1 期。

84.《戴克里先的货币改革》，载《金融博览》2021 年第 1 期。

85.《华夏民族最早的钱币空首布》，载《当代金融家》2021 年第 2 期。

86.《君士坦丁发行的索利多金币》，载《金融博览》2021 年第 2 期。

87.《白狄民族发明的鲜虞刀》，载《当代金融家》2021 年第 3 期。

88.《君士坦丁二世发行的合金铜币》，载《金融博览》2021 年第 3 期。

89.《南蛮楚国铸行的铜贝》，载《当代金融家》2021 年第 4 期。

90.《钱币法令与提洛同盟的瓦解》，载《金融博览》2021 年第 4 期。

91.《西戎秦国创造的半两钱》，载《当代金融家》2021 年第 5 期。

92.《克洛伊索斯的金银分离术》，载《金融博览》2021 年第 5 期。

93.《百姓依法织造的麻布货币》，载《当代金融家》2021 年第 6 期。

94.《牧人摩塞雇佣女奴支付的银环》，载《金融博览》2021 年第 6 期。

95.《大禹的"石"与俾拉拉马的"帕尔希克图"》，载《当代金融家》2021 年第 7 期。

96.《犍陀罗王国的萨塔马纳银币》，载《金融博览》2021 年第 7 期。

97.《秦始皇的"半两"与阿育王的"卡夏帕那"》，载《当代金融家》2021 年第 8 期。

98.《那失维的遗产养老信托文书》，载《金融博览》2021 年第 8 期。

99.《唐朝的"开元通宝"与日本的"和同开珎"》，载《当代金融家》2021 年第 9 期。

100.《日本德川幕府实行的货币改制——元禄改铸》，载《金融博览》2021 年第 9 期。

101.《唐朝的"乾元重宝"与日本的"皇朝十二钱"》，载《当代金融家》2021 年第 10 期。

102.《君士坦丁发行的西力克银币》，载《金融博览》2021 年第 10 期。

103.《大流士的"弥那"与楚平王的"两益"》，载《当代金融家》2021 年第 11 期。

104.《吕底亚王国的法涅斯钱币》，载《金融博览》2021 年第 11 期。

105.《罗马的"安敦尼币"与中国的"大钱当两"》，载《当代金融家》2021 年第 12 期。

106.《舍客勒·斯塔特·第纳尔》，载《金融博览》2021 年第 12 期。

107.《王莽的"大泉五十"与戴克里先的"阿根图币"》，载《当代金融家》2022 年第 1 期。

108.《基辅罗斯公国的格里夫纳》，载《金融博览》2022 年第 1 期。

109.《吕底亚王国的"纯银币"于波斯帝国的"西格罗斯"》，载《当代金融家》2022 年第 2 期。

110.《古罗马的狄纳里银币》，载《金融博览》2022 年第 2 期。

111.《隋炀帝的"五铢白钱"与村上天皇的"乾元大宝"》，载《当代金融家》2022 年第 3 期。

112.《古罗马的奥里斯金币》，载《金融博览》2022 年第 3 期。

113.《古罗马的银币与拜占庭帝国的金币》，载《当代金融家》2022 年第 4 期。

114.《拜占庭帝国的索利多金币》，载《金融博览》2022 年第 4 期。

115.《中国古代的"益"与西方古代的"弥那"》，载《当代金融家》2022 年第 5 期。

116.《拜占庭帝国金币制度的演变》，载《金融博览》2022 年第 5 期。

117.《中日俄三国古代的"无铸币时代"》，载《当代金融家》2022 年第 6 期。

118.《最早的货币和最早的法律》，载《金融博览》2022 年第 6 期。

119.《阿纳斯塔修斯的"努姆斯"与唐肃宗的"开元通宝"》，载《当代金融家》2022 年第 7 期。

120.《拜占庭帝国的米拉瑞逊银币》，载《金融博览》2022 年第 7 期。

121.《倭马亚王朝的狄尔汗与加洛林王朝的便士》，载《当代金融家》2022 年第 8 期。

122.《代表若干努姆斯价值的弗里斯铜币》，载《金融博览》2022 年第 8 期。

123.《萨珊帝国的第纳尔金币》，载《金融博览》2022 年第 9 期。

124.《莫卧儿王朝的卢比银币》，载《金融博览》2022 年第 10 期。

125.《倭马亚王朝的狄尔汗银币》，载《金融博览》2022 年第 11 期。

126.《笈多王朝的第纳尔金币》，载《金融博览》2022 年第 12 期。

三、石俊志主编《外国货币史译丛》书目

1. ［英］伊恩·卡拉代斯：《古希腊货币史》，黄希韦译，法律出版社 2017 年版。

2. ［印］P. L. 笈多：《印度货币史》，石俊志译，法律出版社 2018 年版。

3. ［斯里兰卡］P. 普什巴哈特纳姆：《斯里兰卡泰米尔人货币史》，张生、付瑶译，法律出版社 2018 年版。

4. ［英］R. A. G. 卡森：《罗马帝国货币史》，田圆译，法律出版社 2018 年版。

5. ［丹］艾瑞克·克里斯蒂安森：《罗马统治时期埃及货币史》，汤素娜译，法律出版社 2018 年版。

6. ［英］菲利普·格里尔森：《拜占庭货币史》，武宝成译，法律出版社 2018 年版。

7. ［英］迈克尔·H. 克劳福德：《罗马共和国货币史》，张林译，法律出版社 2019 年版。

8. ［俄］B. 杜利耶夫：《俄罗斯货币史》，丛凤玲译，法律出版社 2019 年版。

9. ［美］鲁迪·马特、威廉·富勒、帕特里克·克劳森：《伊朗货币史》，武宝成译，法律出版社 2019 年版。

10. ［英］德里克·冯·艾伦：《古凯尔特人货币史》，张玲玉译，法律出版社 2020 年版。

11. ［英］大卫·赛尔伍德：《帕提亚货币史》，武宝成译，法律出版社 2020 年版。

12. ［美］阿尔伯特·普拉迪奥：《墨西哥货币史》，康以同译，法律出版社 2020 年版。

13. ［韩］韩国银行：《韩国货币史》，李思萌、马达译，中国金融出版社 2018 年版。

14. ［英］大卫·赛尔伍德、飞利浦·惠廷、理查德·威廉姆斯：《萨珊王朝货币史》，付瑶译，中国金融出版社 2019 年版。

15. ［意］米歇勒·弗拉迪阿尼、弗兰克·斯宾里尼：《意大利货币史》，康以同译，中国金融出版社 2019 年版。

16. ［英］A.W. 汉兹牧师：《希腊统治时期南意大利货币史》，黄希韦译，中国金融出版社 2019 年版。

17. ［以］雅可夫·梅塞尔：《古犹太货币史》，张红地译，中国金融出版社 2019 年版。

18. ［西］奥克塔维奥·吉尔·法雷斯：《西班牙货币史》，宋海译，中国金融出版社 2019 年版。

19. ［印］P. L. 笈多、S. 库拉什雷什塔：《贵霜王朝货币史》，张子扬译，张雪峰校，中国金融出版社 2020 年版。

20. ［土］瑟夫科特帕慕克：《奥斯曼帝国货币史》，张红地译，中国金融出版社 2021 年版。

四、石俊志主编《外国信托法经典译丛》书目

1. ［英］劳伦斯：《遗嘱、信托与继承法的社会史》，沈朝晖译，法律出版社 2017 年版。

2. ［英］成文法汇编：《历史的经典与现代的典范》，葛伟军译，法律出版社 2017 年版。

3.〔英〕爱德华·C.哈尔巴赫:《吉尔伯特信托法》,张雪楳译,法律出版社 2017 年版。

4.〔日〕樋口范雄:《信托与信托法》,朱大明译,法律出版社 2017 年版。

5.〔英〕大卫·约翰斯顿:《罗马法中的信托法》,张淞纶译,法律出版社 2017 年版。

6.〔英〕格雷厄姆·弗戈:《衡平法与信托的原理》,葛伟军译,法律出版社 2018 年版。

7.〔英〕西蒙·加德纳:《信托法导论》,付然译,法律出版社 2018 年版。

8.〔英〕伊恩·斯特里特:《衡平法与信托法精义》,李晓龙译,法律出版社 2018 年版。

9.〔英〕查尔斯·米契尔:《推定信托与归复信托》,张淞纶译,法律出版社 2018 年版。

10.〔日〕商事信托研究会:《日本商事信托立法研究》,朱大明译,法律出版社 2019 年版。

11.〔英〕威廉·斯威林:《特殊目的信托》,季奎明译,法律出版社 2019 年版。

12.〔英〕莎拉·威尔逊:《托德与威尔逊信托法》,孙林、田磊译,法律出版社 2020 年版。

13.〔英〕菲利普·佩蒂特:《佩蒂特衡平法与信托法》,石俊志译,法律出版社 2020 年版。

14.〔英〕阿拉斯泰尔:《衡平法与信托的重大争论》,沈朝晖译,法律出版社 2020 年版。

15. ［英］保罗·戴维斯：《衡平法、信托与商业》，葛伟军译，法律出版社 2020 年版。

16. ［英］吉尔伯特：《加勒比国家的离岸信托》，朱宝明译，法律出版社 2020 年版。

17. ［英］马克·哈伯德、约翰·尼迪诺：《信托保护人》，彭晓娟译，法律出版社 2021 年版。

18. ［加］莱昂纳尔·史密斯：《重塑信托：大陆法系中的信托法》，李文华译，法律出版社 2021 年版。

19. ［英］里亚斯班特卡斯：《国际法体系下的信托基金》，伏军译，法律出版社 2021 年版。

参考文献

［1］（汉）司马迁：《史记》，中华书局 1959 年版。

［2］（宋）欧阳修、宋祁：《新唐书》，中华书局 1975 年版。

［3］［古希腊］希罗多德：《历史》，周永强译，陕西师范大学出版社 2008 年版。

［4］［乌尔第三王朝］《乌尔纳姆法典》，石俊志从英文转译，《当地金融家》2019 年第 9 期。

［5］［英］伊恩·卡拉代斯：《古希腊货币史》，黄希韦译，法律出版社 2017 年版。

［6］［英］R. A. G. 卡森：《罗马帝国货币史》，田圆译，法律出版社 2018 年版。

［7］［英］迈克尔·H. 克劳福德：《罗马共和国货币史》，张林译，法律出版社 2019 年版。

［8］［印］P. L. 笈多：《印度货币史》，石俊志译，法律出版社 2018 年版。

［9］［俄］B. 杜利耶夫：《俄罗斯货币史》，丛凤玲译，法律出版社 2019 年版。

［10］［德］伯纳德·克鲁格：《世界钱币 2000 年》，杜涵译，中国友谊出版公司 2021 年版。

［11］［日］泷本诚一：《日本货币史》，马兰、武强译，中国金融出版社 2022 年版。

［12］李铁生：《拜占庭币》，北京出版社 2004 年版。

［13］李铁生：《古波斯币》，北京出版社 2006 年版。

［14］李铁生：《古中亚币》，北京出版社 2008 年版。

［15］李铁生：《印度币》，北京出版社 2011 年版。

［16］李铁生：《古希腊币》，北京出版社 2013 年版。

［17］李铁生：《古罗马币》，北京出版社 2013 年版。

［18］王钺：《罗斯法典译注》，兰州大学出版社 1987 年版。

［19］林志纯：《世界通史资料选辑》，商务印书馆 1962 年版。

［20］曾晨宇：《"钱币法令"与雅典的经济霸权》，《古代文明》2017 年第 3 期。

［21］东北师范大学历史系西亚、北非、欧洲上古史研究室：《乌鲁卡基那的"改革"》，1983 年 4 月版。

［22］周倜：《汉佉二体钱（和田马钱）新探》，河北人民出版社 2018 年版。